不一样的诗词课

——苏静的18节诗词公开课课堂实录

「中华诵·经典诵读行动」之名师大课堂

苏 静 著

中华书局

图书在版编目(CIP)数据

不一样的诗词课/苏静著.—北京:中华书局,2013.8
("中华诵·经典诵读行动"之名师大课堂)
ISBN 978-7-101-09273-8

Ⅰ.不… Ⅱ.苏… Ⅲ.古典诗歌 - 中国 - 课堂教学 -
小学 - 教学参考资料 Ⅳ.G623.203

中国版本图书馆 CIP 数据核字(2013)第 064786 号

书　　名　不一样的诗词课
著　　者　苏　静
丛 书 名　"中华诵·经典诵读行动"之名师大课堂
责任编辑　王　建
出版发行　中华书局
　　　　　(北京市丰台区太平桥西里 38 号　100073)
　　　　　http://www.zhbc.com.cn
　　　　　E-mail:zhbc@zhbc.com.cn
印　　刷　北京瑞古冠中印刷厂
版　　次　2013 年 8 月北京第 1 版
　　　　　2013 年 8 月北京第 1 次印刷
规　　格　开本/700×1000 毫米　1/16
　　　　　印张 16　插页 2　字数 220 千字
印　　数　1-6000 册
国际书号　ISBN 978-7-101-09273-8
定　　价　32.00 元

目 录

自 序

为什么是"不一样的诗词课"

在给这本小书起名字的时候，我颇踌躇了一番。最初在全国各地做公开课时，我都用了"诗词背后的故事"作题目，所以在写这篇自序时，首先想到的也是这个题目。但事实上，回想每堂课下来，总有听课老师反映，我讲的不仅仅是诗词背后的故事，更多的是诗词背后的文化。他们说，故事多是吸引人，文化则是启迪人。每次听完课，他们都会产生很多思考，其中之一便是要发愤读书，要从历史和文学的角度去更深地挖掘诗词背后的意义，即便在小学教诗词，同样可以讲出让孩子们接受和震撼的大学的水准。

我很惶恐也很感谢一路走来，全国各地的专家和老师们给予我这种"另类"诗词课的中肯评价，更感动于听课孩子们专注的神情和惜别时不舍的目光。后来，随着公开课次数的增加和诗词专题的延展，越来越多的老师希望我能够出一本体现我真实课堂状态的小书，来帮助在小学诗词教学中充满迷茫和期待的一线语文老师。而与此同时，中华书局也向我递出了橄榄枝，愿意助我和老师们完成这个心愿。于是，我便于2012年初开始着手这本小书的撰写工作。

其实，早在多年前，我就在我的导师、当代著名教育家朱永新先生倡导的"新教育实验"中，开始了对儿童专业课程领域的研究，希望能够打造一套完整的儿童诗意课程体系，从"诗与历史"、"诗与生活"、"诗与文化"三个层次来全方位地展示中国古典诗词的魅力。这本小书的构思和撰写，恰恰成全了我最初的想法，可以从"诗与文化"的视角来展示一系列中国经典诗词的内涵。而深谙一线教师生存状态和需求的朱永新先生又在此基础上提出了更高的要求，希望这套儿童专业课程能够有效地与现行小学语文教学对接，不单纯是一套校本课程或特色课程，更能为一线小学语文老师提供最直观的借鉴，体现其实用性和可操作性，又有相对独立完整的思想和方法。于是，我便选取了在全国广泛使用的人民教育出版社版（简称人教版）、江苏教育出版社版（简称苏教版）、北京师范大学出版社版（简称北师大版）等现行九年制义务教育小学语文教材的经典诗目（其中多数为三家主流教材的重合诗目），进行主题的整合，用原生态公开课的方式呈现与众不同的教学过程和方法，用课堂实录的方式记录每首诗词的整体设计和细节处理。

思前想后，我将这本小书命名为《不一样的诗词课》，希望每个读者都能从中获得一点"不一样"的感受和启示。而同时，也作为对我敬爱的导师朱永新先生十年来不吝提携、浩瀚师恩的一点微不足道的回报。

接下来，我想具体阐释一下为什么是"不一样的诗词课"，也算是为读者提供一个整本书的粗略导读。

首先，与传统的小学语文诗词课相比，《不一样的诗词课》是超大容量的课堂，更加注重教师个体的讲述。没有频繁的提问和师生互动，超大容量的课堂对教师的知识储备和文学修养是极大的考验和挑战。在这样的课堂中，教师更关注解决学生的疑惑，更注重对诗词本身的理解和挖掘，以自身的文学修养和造诣去影响学生。针对学生不解的问题，教师的讲述占据了课堂的大量时间，同时，大量知识点也应运而生。一首看似平凡的耳熟能详的诗作，因为教师的讲述而变得丰满立体，充满了神秘感和沧桑感，带给学生强大的心灵震撼。而在传统课堂中从未接触过的新鲜知识也接踵而来，极大地刺激了学生的求知欲和探索欲，让课堂从此充满了未知和期待。

之所以这样设计，是因为我本人一直有割舍不断的民国教育情结。众所周知，民国时期出了一大批优秀甚至堪称伟大的教育家，他们中的很多人行走在教学一线，甚至很多大学者都是小学课堂的语文教师。他们的渊博无需矫饰，他们的气度无需表演，他们能深入浅出地讲述道理，又能旁征博引地论证观点。在他们的课堂上，没有夸张的诵读和表演，没有貌似热闹实则无聊的提问和讨论互动，有的只是平实而不失真诚的情感交流，以及让学生如沐春风的知识信息的传递和人格修养的震撼。我曾经写过一篇文章，叫《想起那些先生》，追忆了我所崇敬的几位民国时期的大师。其中描述了这样一位先生：

　　　　让我们再把目光投向半个多世纪前的昆明。一所临时的大学，一间简陋的教室里，一位骨瘦如柴的先生微眯着双眼，时不时还抽一口旱烟袋，幽幽地为大学生们讲解作文之道。他说，如何写得一手好文章？五个字足矣，那便是——"观世音菩萨"。众学生不解。他解释道，"观"是要多多观察生活；"世"是要明白社会上的人情世故；"音"是文章要讲究音韵和谐；而最重要的是"菩萨"两字，即写文章的人一定要有救苦救难、普济苍生的菩萨心肠。半个多世纪过去了，从那个临时校园和那间简陋的教室里走出了大批新中国的栋梁之材。他们中很多人都写得一手好文章，而且都不约而同地在自己的文章里追忆了这位可爱的先生，他便是国学大师刘文典。而那所学校，便是我们永远不能忘却的纪念，中国高校的精神雕塑——西南联大。

虽然在这段文字中，描述的是一位大学的先生，但我一直在想，刘文典先生的教学方法，放在小学同样适用。妙语连珠，生动又不失新鲜的讲述，把学生的思绪轻而易举地集中于所要表现的主题，这不是大智慧又是什么？这样的课堂，虽然听不到人声鼎沸的抢答和欢呼，却能听到花开的声音，听到平静的心湖之下涌动的思辨的暗流。所以，《不一样的诗词课》并不是教师一个人的独舞，而是师生心灵深处的共舞。教师在课堂上纵横捭阖地讲述，得到的是学生心灵沉静的思考和默契的应答。

其次，与传统的小学语文诗词课相比，《不一样的诗词课》不是单纯的新授课或复习课，而是自成体系的整合课。简单点说，每首诗词的讲述并不是根据年级循序渐进的，也不是根据各年级教材大纲设定知识点，而是针对一首单独的诗词用独特的方法进行深度解析，视角非常多元，内容非常丰富，旨在为一线老师们授课提供更详实的资料和更实用的方法。由于在做公开课时，我选择的多是高年级，所以多数诗词都变成了孩子们眼中"最熟悉的陌生人"，知其然而不知其所以然。所以纵观整个教学实录，几乎看不到传统小学语文课堂上对诗词的逐句翻译和花样诵读、表演讨论，每首诗都是直入主题，切中要害，带给学生不一样的理解和感悟。所以，老师们在借鉴的时候，可根据年级需要酌情选择适用的内容，不必面面俱到。同一首诗，在不同年级可以选用实录中不同的内容进行变通式的讲述。以《独坐敬亭山》为例，在中年级的讲授中，针对学生的理解力特点，可以重点讲述李白与玉真公主的故事（详见《独坐敬亭山》课堂实录部分）；在高年级的授课中，除了玉真公主的传说外，还可以根据其更胜一筹的理解能力，补充谢朓的内容，重点强化学生的诗词积累，拓展知识面。

很显然，同样是一首《独坐敬亭山》，在高年级的讲述中增加了许多难度较高的知识点，而中年级的讲述中则是以生动的故事和情感的共鸣作为重点。在《不一样的诗词课》里，每节课堂实录的内容都有难有易，风格虽自成一体，知识点却相对独立，所以具体需要选择哪些内容进入常规的小学语文课堂，老师们完全可以根据自己的需要来决定。

再次，与传统的小学语文诗词课相比，《不一样的诗词课》针对某些诗词的常规解读，提出了诸多颠覆性的观点，并辅以大量的资料加以论证。这本小书的目标设计异于常规课堂，更加注重学生的批判性思维，引发学生的头脑风暴。以《赠汪伦》一诗为例，通常情况下，都会认为这是一首情真意切的送别诗，表达了汪伦对李白的依依不舍之情；对于汪伦是何许人也、缘何与李白相识相知，教师则多引用传说中汪伦作诗戏邀李白游历为依据（详见《赠汪伦》课堂实录部分）。但在《不一样的诗词课》里，则完全颠覆了一般人对这首诗的理解。原来，李白在"安史之乱"中遭人诬陷，被朝廷通缉，一路逃难至汪伦的故乡，是在这种"世人皆欲杀"的艰难困境中结识了汪伦，并与之成为生死之交的。

　　类似的颠覆性观点，在许多诗词的讲解中均有所体现。例如在《泊船瓜洲》中，对千古名句"春风又绿江南岸，明月何时照我还"的解读，绝不单纯是作者对故乡的思念，而是隐藏在字面背后诗人一波三折的仕途经历、东山再起的喜悦和对世事难料的复杂情绪。这样的例子不胜枚举。

　　当然，这里要特别说明一点，并不是说所有常规的观点一定是错误的，被颠覆后的观点一定是正确的。每首诗都可以被个性化地解读，因为诗人们毕竟早已作古，我们不可能确切地说哪种解释绝对符合诗人真实的写作意图——或许这些被深度解读或颠覆性解读的诗词，就是作者率性而为，无需过多的评判和揣摩。所引资料不乏野史、传说等，同时为了突出故事性，我也加入了很多个人的演绎。而我之所以要这样做，仅仅是从一个诗词研究者的角度出发，通过对部分资料的整理和发现，为一线的小学语文老师提供诗词学习和授课的另一个角度，从更广阔的空间和时间上去认识诗人，走进诗人和诗词本身。

　　最后，与传统的小学语文诗词课相比，《不一样的诗词课》非常关注诗词中重点字词的文化内涵解读。我个人认为，能够成为千古名作的诗词，一定有它特殊的表达方式，其中重点字词便起到了"画龙点睛"的作用，背后蕴含的典故和深意不可小觑。在传统的小学语文诗词课堂中，很多字词只是单纯从字面上解释，这样只能隔靴搔痒；而《不一样的诗词课》则尝试着从文化的层面去解构，给人以醍醐灌顶，茅塞顿开之感，让看似平淡的几十个字顿时光彩照人。因为这些重点字词往往以文化符码的形式，提升了整首诗的人文境界，构成了整首诗的精魂所在。所以，在每首诗词的课堂实录之前，编者都独具匠心地设计了"导读"栏目，目的就是为了让读者更直观地了解本堂课的设计思路。其中，很多导读都涉及到了重点字词的解读。例如，在《泊船瓜洲》的导读中：

> 除了一个"绿"字，还有更加富有深意的"春风"、"明月"等待着我们去挖掘其中丰厚的文化含义。

在《寻隐者不遇》的导读中：

> 《寻隐者不遇》往往被解读成单纯的作者情绪变化和隐者高洁的思想，殊不知，这看似简单的四句中，句句都蕴藏着不为人知的深刻的文化符码，一旦破解，令人茅塞顿开。

在《游园不值》的导读中：

> 其间巧夺天工的遣词造句，细究下来，给人惊喜不断。

在《竹里馆》的导读中：

> "幽篁"一词有着怎样的历史渊源和文化含义？诗人弹的是什么琴？又缘何"长啸"？一句"弹琴复长啸"又引出了一段怎样精彩绝伦的典故？"深林"仅仅是幽深的竹林么？"人不知"

又是谁不知？"明月"的意境又该如何解释？

……

行文至此，读者或许对这本小书，对"不一样的诗词课"有了大致的了解。对于千万行走在小学语文诗词教学一线的同仁们，这本小书仅仅是一个参考，希望大家能读之议之，审之评之，这都将是我莫大的荣幸。

是为序。

上 篇 人间冷暖

古人云："人有悲欢离合，月有阴晴圆缺。"

本篇选取的诗词，无不渗透着诗人点点滴滴的惆怅和欢愉。这些流传于后世的经典诗作，寥寥数语却蕴含着他们百转千回的人生传奇。太多的意想不到，太多的柳暗花明，一路赏来，不得不惊叹于诗人匠心独运的表达。人生的大智慧，大寂寞，大得意，莫不如此。

第一节

梦里花落知多少

——《春晓》课堂实录

导读

很多老师在教《春晓》时都会将其解读为一首赞美春天的诗歌。其实并非如此，它的背后隐藏着鲜为人知的故事。作者孟浩然是个什么样的人？他经历了怎样不同寻常的人生？《春晓》是在什么情况下写就的？其中关键词「啼」，关键句「夜来风雨声，花落知多少」又有着怎样特殊的含义？走进苏老师的课堂，答案为我们一一揭晓。

师： 好，老师们，大家好。同学们，我们上课！

生：起立！老师好！

师： 同学们好，请坐。刚才课间我们做了一下简单的热身，我发现我们在座的各位真是藏龙卧虎啊！一个小小的成语接龙让大家玩儿得是不亦乐乎。关于今天我们要上课学习的内容，请看大屏幕——"诗词背后的故事"。我们要在课堂上一起研究诗词，但是我们研究的诗词呢，都是"最熟悉的陌生人"。为什么这样说？说熟悉，是因为其中每一首诗你们都似曾相识，甚至都是学过的，当然是熟悉；说陌生，是因为你们并不一定真正了解它。

所以说今天我们是一次"耳朵旅行"，让同学们在短短的时间里面"大饱耳福"。当然我们也要手脑并用，我刚才跟同学们说了，苏老师在大学里面教书，形成了一个习惯，就是写字又快又草，所以希望同学们能够跟上我板书的速度，记好笔记，同时用脑子去思索，把今天学到的内容变成你自己的财富。

好啦！接下来我们的第一首诗难度还是蛮高的，我们来看一看。

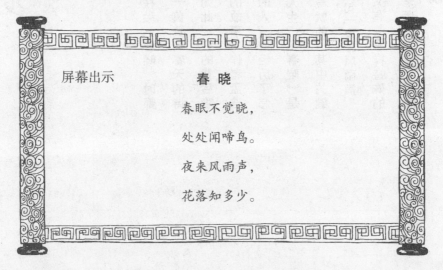

屏幕出示

春 晓

春眠不觉晓，

处处闻啼鸟。

夜来风雨声，

花落知多少。

师：难不难啊？同学们乐啦，说老师你可真逗啊，这么简单的一首诗，小儿科哎。好，我们一起来读读看。"春晓"，开始。

生：（诵读《春晓》）

师：嗯，学过吗？

生：学过。

师：应该说大凡能背诗的人基本上对这首诗都是非常熟悉的，它可以称为我们的"国诗"了。只要提到诗，这首《春晓》是绕不过去的。但问题是虽然学过，学懂了没有呢？现在我要提问一下，对这首非常熟悉的诗，你是抱着一种什么样的情感？换句话说，你认为这首诗表达了诗人怎样的思想感情？随便请啦，你来说。

生：我感觉表达了诗人对春天的那种向往之情。

师：可诗人已经是身在春天了啊，当然，也可以有向往之情的。好，感谢你。下一位，随便请。

生：我认为是诗人对春天的喜爱之情。

师：嗯，喜爱和向往，总而言之，我们刚才的两位都认为表达了诗人对春天的喜爱和向往之情。有没有同学感觉到还有其他的情感在里面？请补充说明。好，有请。

生：我感觉还有一种忧愁在里面。

师：你与众不同，那我问你忧从何来，愁从何来？

生：夜来风雨声，花落知多少。

师：你没有告诉我原因啊，你只是读了最后的两句诗，那么你想表达的意思是？

生：我感觉这个"花落知多少"就是花都已经落了，所以我感到人也很忧愁。

师：谢谢你，就像我们曾经读过红楼梦里面的《葬花吟》一样，黛玉的一句"花落人亡两不知"，让人非常伤感。好的，非常难得呀，在我们班里有一位同学能够读出这首诗的另外一种味道，但是可能你并不知道为什么会有忧愁的感觉，所以我们今天要重新来研究一下这首诗。

说到这首诗，我们必然要先了解一下它的作者孟浩然，我们要看看这首诗是孟浩然在什么情况下写的。那么再来一个问题，你了解孟浩然多少？好，刚才是闪电提问，现在可以举手发言了，我们已经要上六年级了，对孟浩然这位诗人你了解多少？唐朝诗人，这个大家就不用说了。好，你来说。

生：孟浩然与王维共称为"王孟"。

师：好的，感谢你啊，补充了大家都不知道的内容。我们说孟浩然是唐朝一位非常独特的诗人，说他独特，在于他非常有才华，但是他的一生却没有谋得任何的功名。换句话说他一辈子都没当上官儿。

孟浩然四十岁之前一直都是隐居的，那么隐居有两种，一种是心甘情愿的隐居，一种是等待着时机，见机行事。那么孟浩然就属于第二种，其实他非常向往仕途，希望能够功成名就。有诗为证，孟浩然在四十岁之后出山，出山之后便厚积而薄发。知道什么叫"厚积而薄发"吗？

生：（齐摇头）

师：就是积累了很长时间而后爆发出来，孟浩然的才华就是在长久的积累后才得以瞬间的充分爆发。而且当时他在整个求仕途的过程中也认识了很多很多的好朋友，得到高人的指点，去拜见了一些高人中的高人。其中一位就是我们刚才提到的王维，那么在王维的引荐之下，他拜访了当时非常著名的一位丞相——张九龄。听说过这个人吗？

生：没有。

师：好，那就请开始记笔记吧。孩子们，养成好习惯，把新鲜的知识随时记下来，这样就可以和别人分享了。

张九龄是一位高官，官至丞相。孟浩然一见到他呀是非常敬仰，于是写下了这样一首诗，叫做《望洞庭湖赠张丞相》（板书），在这首诗里，他把自己对于仕途的向往写得是淋漓尽致，诗中有这样的千古名句：

"坐观垂钓者，徒有羡鱼情。"（板书）就是说我坐在这儿看那些垂钓的人，看到鱼啊一条一条的上钩，却只有羡慕的份儿了。言外之意啊，这垂钓者其实就是张九龄张丞相，说眼看着您呀又有才华，仕途又得意，我是多么羡慕您呀！这样一句话表达了孟浩然对仕途是心向往之的。

那么既然孟浩然向往仕途，又才华纵横，怎么就偏偏一事无成，没有得到一个功名呢？因为他心直口快，得罪了当朝一个非常重要的人物，以至于从此跟仕途无缘，大家想想看，谁这么大的能耐能让孟浩然一辈子当不上官儿，谁有这么大的权利啊？猜猜看。

生：（小声议论，无人举手）

师：呵呵，好吧，告诉你们，的确是很难猜——天子！他得罪了当朝的皇帝，就是那位大名鼎鼎的唐玄宗。

这个事情史书中是有记载的。就像刚才我们同学讲的，他和王维是好朋友。王维是谁？山水诗人的代表，有一个雅号，叫什么？**诗佛**（板书）。没听说过？记下来吧。因为王维的诗中充满了一种佛学的禅意，所以人称"诗佛"。王维当时在朝为官，有一天，他就约孟浩然两人在一起赏诗论作，此时的孟浩然还是一介草民，但是在朝内他的才华也是有所传播的。那天王孟二人聊诗聊得是意气风发，但是就在这个时候，一声"皇上驾到"，令王维和孟浩然是大吃一惊啊，皇帝的突然造访让孟浩然措手不及，于是——史书中有细致的描述——此时的孟浩然是匿于床下。什么意思啊，"匿"就是藏的意思，孟浩然哧溜一声，钻到床底下去了，躲在床底下不敢出来，不敢作声。

玄宗皇帝就走进了王维的房间，说："爱卿，刚才朕明明听到两个人在谈诗论作，怎么此时就剩你一个人了？"王维可是个老实人，不敢欺君，就如实道来，说："没有啊，是两个，那位啊在我床底下，叫孟浩然。"这么一说，皇帝当时就乐了："哎呦，原来孟浩然在你这儿呀，最近就总听朝中有人说孟浩然是非常有才华的人，不妨把他请出来，让朕瞧瞧。"

这时呀，孟浩然就从床底下爬出来了，然后就向皇帝作了个揖，就开始如实地回答皇帝的问题。皇帝就问孟浩然刚才是在讨论什么诗作呀？孟浩然就非常诚实地说，自己刚才讨论的诗作叫什么，然后就开始为皇帝诵读起来，结果诵读到这一句的时候，皇帝不乐意了，他写的什么呢？他说：**"不才明主弃，多病故人疏。"**（板书）什么意思呢？是说，你看我这个人不才，当然这是自谦的说法，非常低调，说我没有什么才华，这英明的主子就把我抛弃了；我又成天地体弱多病，所以这好朋友啊一个一个都疏远于我。这一句诗表面上是自谦，是低调，但实际上也包含了对自己四十年来没有获得功名的小小抱怨。

这个时候玄宗一听可不乐意了，立刻就说："你从来就未向我求过功名，我又怎么可能抛弃过你，这不是诬陷我吗？那好，既然你认定我是个明主，那我就成全你，从此以后，我就弃你不用。"于是皇帝愤然离去。从此以后，大家可想而知，皇帝都说了我是明主，我抛弃了你，便如你所愿。于是乎，可怜的孟浩然从此在仕途上就再也没有打过任何的翻身仗，只好继续浪迹天涯，过他的隐居生活。

这首《春晓》就是在孟浩然仕途绝望回到自己的故乡之后写下的。现在我们再回过头来看看这首诗是不是感觉不一样了？"春眠不觉晓，处处闻啼鸟"，孟浩然的确如自己所说身体不好，整天生病，因为他是一个嗜酒如命的人，天天喝酒。我们都知道古人说借酒浇愁啊，一个每天喝得醉醺醺的人怎么可能有好的睡眠质量呢？所以他可以说每天都处在半梦半醒的状态里，好不容易在这样一个春天的时节里，终于睡着了，但是"春眠不觉晓"，不知不觉的天就亮了，是谁把他给吵醒了呢？"处处闻啼鸟"，第二句就讲鸟儿叽叽喳喳的鸣叫声把他给吵醒了。但是这里有一个字，处处闻什么鸟？"啼"鸟。这个字非常特殊，在中国古代诗词里面这个"啼"字往往有特殊的含义，含有**悲鸣**（板书）之意。有诗为证，你能想到有关的诗句么？

生：月落乌啼霜满天，江枫渔火对愁眠。（师板书前半句）

师：非常好。"乌啼"就是乌鸦悲鸣。还有比如说**"杜鹃啼血猿哀鸣"**（板书），"杜鹃啼血"也叫**"子规啼血"**（板书），知道杜鹃鸟吗？

生：知道。

师：知道"杜鹃啼血"的故事吗？

生：不知道。

师：呵呵，你们回答得真干脆啊。杜鹃鸟有一个别称叫做子规鸟。我们经常说到一个成语，叫做子规啼血，我简单地说一下这个成语的来历。

在古人看来，杜鹃鸟是一种非常悲伤的鸟，叫起来的声音很像"苦儿，苦儿"。传说中它是由战国时期的一个皇帝化身而成，这个皇帝叫望帝。望帝非常贤德，一日他发现身边有一个臣子比他还要贤德，于是便毫不犹豫地把位子让给了这个臣子。但是等他退隐之后，却发现这个人不再像以前那样爱民如子了，相反横征暴敛，变了性子。

望帝非常伤感，他对自己的选择后悔不已，最终忧郁而死。死后的望帝便化身为一只杜鹃鸟，也叫子规鸟，日日夜夜悲鸣，来表达自己内心无尽的忧愤，直到咯血而死。在唐朝有个叫**李商隐**（板书）的诗人写了一首诗叫**《锦瑟》**（板书），其中有就有这样一句：**"望帝春心托杜鹃"**（板书）。而后人也用"子规啼血"来形容受了莫大的冤屈。

我们讲这个"啼"就是哀鸣的意思。你想想怎样的鸣叫能让一只鸟儿咯血而死，所以这里的"处处闻啼鸟"也带着一种悲鸣的含义。当然我们说什么事情都有例外，也有诗词当中的"啼"表达的是欢愉的心情，比如说我们学过杜甫的**"黄四娘家花满蹊，千朵万朵压枝低。留连戏蝶时时舞，自在娇莺恰恰啼"**（板书）。

当然这是一个比较特殊的例子，在多数的诗词里面，"啼"都有悲鸣的意思。就像刚才说到的杜甫，还写过一首《别房太尉墓》，是写给自己一个逝去友人的悼亡诗，其中就有这样一句：**"唯见林花落，莺啼送客闻。"**（板书）很显然，这个啼字是哀鸣的意思。我们继续看，"夜来风雨声，花落知多少"，由此一来，后面的这两句便可以对应刚才那位同学的真知灼见——感觉到有一点忧愁。在这里，忧愁何止是一点啊！我们看，表面上风雨是指自然界的风雨，但实际上，回想起孟浩然仕途一生的坎坷，我们也可以理解为怎样的风雨啊？

生：人生经历的风风雨雨。

师：说得真好，谢谢你。是啊，我们说也可以认为是人生经历的风风雨雨。而且长夜漫漫，夜来风雨声，就在这样的一种人生的政治风雨之中，"花落知多少"，这里被打落在地上的何止是花瓣，简直就是孟浩然凋零的梦想。

所以，"花落知多少"也让我们想到一个成语，叫做**"残红遍地"**（板书）。在宋代女诗人**李清照**（板书）的笔下也有这样的描述，她写过一首《如梦令》，先说**"昨夜雨疏风骤"**（板书），证明是风雨交加，最后两句则描写雨后花落的情景：**"知否？知否？应是绿肥红瘦。"**（板书）一夜风雨过后，树叶更显翠绿，花儿却纷纷凋零，所以说是"绿肥红瘦"，与孟浩然的"夜来风雨声，花落知多少"有异曲同工之妙。而在台湾，也有一位著名的当代女作家三毛，曾经写过一部非常凄美的散文，就叫《梦里花落知多少》。后来，这个书名还被大家熟悉的一位八零后作家郭敬明借鉴，也写了一部同名小说，也是悲剧。

我们延展了这么多，再回到孟浩然的这首诗。可以说，这一夜的风雨让孟浩然醒来之后感慨万千，这满地的花瓣让孟浩然凋零的梦想永远化为了灰烬。所以此时此景，我们再回想一下，再来感受一下，可能你的心情就完全不一样了。那么接下来呢，我想用一种特殊的方式，因为时间有限，就请男生女生各一位代表，把你此时的情绪变成你精彩的朗读。谁想来试一下？只要是你的心情，怎么读都可以。好，有请！

女生：（深情朗诵《春晓》）

师：好，谢谢，我们送给这个孩子掌声好吗？谢谢！非常让人心碎的读法，孟浩然的心，你懂的。好的，下一位找一个男生来尝试一下，只要是你自己的声音，怎么读都可以。哪一位男生？我看你的眼睛都有点湿润了，你来读吧！

男生：（深情朗诵《春晓》）

师：好！给我们这位可爱的男生掌声，谢谢你！看来我们刚才的两位同学都是孟浩然的知己，几百年过去了，只要有诗词在，我们就有和古人共鸣的条件。所以说，我们今天特别荣幸，可以在这样一个时间里，和我们可爱的古人做一次时空的穿行，进行一次跨越时空的心灵对话。

我们的行程才刚刚开始。

我们说孟浩然这个人真的不走运，但是孟浩然是非常爽直的一个人，而且才华纵横，虽然仕途不得意，但是他在另一个方面却收获颇丰，除了显而易见的诗词创作，你们认为还有哪个方面？

生：交友。

师：恭喜你，答对了。的确，孟浩然的一生交了许多好朋友，和好友的故事也是传唱千古，荡气回肠。想知道么？

生：想！

师：呵呵，欲知后事如何，且听下回分解。

第二节 目送君到天尽头

——《黄鹤楼送孟浩然之广陵》课堂实录

导读

在《黄鹤楼送孟浩然之广陵》一诗中，隐藏着许多妙趣横生的典故。

你可曾想过，李白为什么要在黄鹤楼送别孟浩然？一句「故人西辞黄鹤楼，烟花三月下扬州」暗含着作者怎样的期待和祝福？正值漕运高峰的阳春三月，长江上千帆竞发，缘何在作者的眼中却只有「孤帆」一叶？带着重重疑问，让我们一起走进苏老师不一样的诗词课堂。

师：上节课我们提到了，孟浩然虽然仕途不顺，但却交了很多好朋友，王维就是其中的一位，非常了不起，可以称得上是大腕儿了。但是孟浩然还有一位好朋友，是所有人一听到就感觉高山仰止，肃然起敬的。我现在考考你们，孟浩然还和哪一位好朋友交情特别深，以至于这个好朋友专门写了一首诗去送别他。谁没有回答过问题？好，你来。

生：李白。

师： 何以为证？你用什么来证明他们俩是好朋友？哪一首诗？

生： 《送孟浩然之广陵》。

师： 你把最重要的一个地点给漏掉了，从哪里送？

生： 《黄鹤楼送孟浩然之广陵》。

师： 好，感谢你完美的回答。那么我们来看一下这首诗。

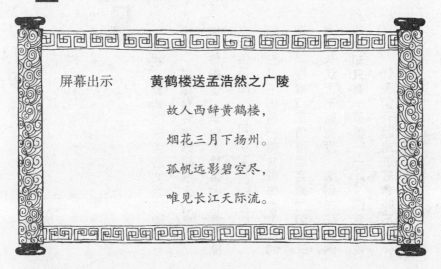

屏幕出示 　　**黄鹤楼送孟浩然之广陵**

故人西辞黄鹤楼，

烟花三月下扬州。

孤帆远影碧空尽，

唯见长江天际流。

师： 这一首诗可是千真万确，李白写的。你看，孟浩然虽然没有成为达官贵人，但是却收获了无价的友情。接下来我们还是老规矩，先来读读这首诗，能背的就背，好的，开始。

生： （全体朗诵《黄鹤楼送孟浩然之广陵》）

师： 嗯，很好，接下来我还是要问一个问题，读这首诗的时候心情如何？实话实说。

生： 应该是很高兴。

师： 很高兴。你看，这么开阔的画面。你呢？

生： 我感觉李白这时候还有一点伤心的感觉。因为他老朋友走了。

师： 嗯，老朋友走了，还有一点点伤感是吧！要不然古人说啊，"悲莫悲兮生别离，乐莫乐兮新相知"，说的就是这个道理。

生：我也认为李白此时的心情非常悲伤，因为古代交通工具非常不好，只要朋友一出远门儿，就很多年之后才能回来，所以我认为李白现在的心情是非常悲伤，俗话说出门靠朋友嘛，没有朋友了，我觉得人的一生是不完美的。

师：你呢，是把李白的这种悲伤无限放大了，黄鹤楼到广陵那是千里的路途啊，从此以后，没有哥们儿我罩着你，你可怎么混啊，是吧！

生：（齐笑）

师：所以觉得特别悲伤。好的，你来说。

生：老师，我跟她的意见不一样，我觉得李白是非常高兴的，因为都知道他说烟花三月嘛，非常漂亮，李白就认为孟浩然去的地方非常漂亮，而且广陵也非常繁华，他就认为朋友将来一定会过得很幸福，所以我觉得李白的心情是非常高兴的。

师：我们现在基本上有两种不同的解读，一个是说悲伤；一个说是高兴，这是一次非常完美的壮行，充满了豪迈的情绪——而且去的是好地方，不是发配到沧州去，而是去广陵，广陵是什么地方啊？

生：（摇头）

师：啊？广陵你们不知道吗？书上写得很清楚啊，广陵是什么地方啊？

生：（稀稀落落的声音）扬州。

师：学没学过这首诗？学过啊，没关系，我们说不断丰富就有新知识出来了，广陵就是扬州。但是我们还有同学说呀，不对，好像蛮伤感的，看他要走那么远，不知道什么时候再能相见啊，所以说到底哪种情感是这首诗的基调，我们暂且不论，接下来我们先来看看这首诗背后的故事。

等我把这个故事全部都讲完了，答案自然就出来了。

好的，我们一起来看看这首非常特别的诗。诗仙李白出手不凡，写了一首诗送给他的好朋友孟浩然，以前我们都学过，诗的内容都非常熟悉了。但是接下来我又要对你们进行另类提问了，我们先来看一下第一句"故人西辞黄鹤楼"，第一个问题，"故人"是什么意思？一起说吧，看来都知道。

生：老朋友。

师：老朋友，对，我们经常说"他乡遇故知"，遇到了熟人儿老朋友，那么"故人西辞黄鹤楼"从字面上理解就是老朋友辞别了我，从哪辞行的呢？对，黄鹤楼。那么这里我们就有故事要讲了，首先我们要来说说黄鹤楼，黄鹤楼位于今天的什么地方啊？

生：（摇头）

师：忘记了？好，告诉你们，黄鹤楼不寻常，它位于今天的湖北省武汉市，而且**黄鹤楼**（板书）在历史上有非常独特的地位，是中国的**四大名楼**（板书）之一。提到了四大名楼，大家肯定又有疑问了，说苏老师呀，都知道有四大名著，甚至唱个歌都有四大天王，还从来没听说过四大名楼呢。除了黄鹤楼，剩下的是哪三座楼呢？我们就来看一下。好，现在是笔记时间啊，一边听一边记。中国的四大名楼个个声名显赫，刚才的黄鹤楼就是其中之一，有诗为证。第二座楼，猜猜看，也有诗文为证。有同学举手了，你来说。

生：岳阳楼。

师：岳阳楼，何以见得？为什么？

生：呃……

师：知道哪一篇诗文和岳阳楼有渊源吗？

生：不知道。

师：但是你很了不起了，答对了，岳阳楼。很多诗都跟岳阳楼有渊源，其中大家最应该去熟悉的一篇文章，将来你们到中学会学到，叫做《**岳阳楼记**》（板书）。那么，还有哪一座楼啊？

生：（答不上来）

师：欲穷千里目，更上一层楼。什么楼啊？

生：（轻声地说）鹳雀楼。

师：对，大胆地说。

生：鹳雀楼。

师：很好，**鹳雀楼**（板书）也是中国的四大名楼之一。最后还有一座，有难度，这一座跟唐朝初期的一位诗人有非常大的关联，诗人的名字叫王勃。能猜出这座楼的名字么？

生：（答不上来）

师：他写过一篇著名的文章叫《滕王阁序》，说的就是这第四座名楼——**滕王阁**（板书）。我们说，和岳阳楼有关的是《岳阳楼记》，跟滕王阁有关的是《滕王阁序》，它的作者是"初唐四杰"中的一位，赫赫有名的王勃。那么《岳阳楼记》的作者是谁呢？

生：（生摇头）

师：也是非常著名的宋代的一位大学者，大诗人范仲淹。

好的，我们了解了四大名楼之后，就知道了，这送别的地点那可不是浪得虚名啊，正是中国的四大名楼之一，所以说在黄鹤楼去送别老朋友的确是别有深意。但是故事还没有讲完，黄鹤楼不仅是一座名楼，还是一座仙楼，名字就是它的证据，这里面有一种神鸟——

生： 鹤。

师： 对了，鹤。鹤在中国古代文化里面是一种神鸟，通常我们看到鹤，都会想到八个字，叫做 **"闲云野鹤，仙风道骨"**（板书）。这是一种什么样的日子啊，以鹤为伴，那些老神仙骑着鹤去云游四方，所以叫做"闲云野鹤，仙风道骨"。既然黄鹤楼有鹤，这就证明它一定是和仙人有关，所以这里所说的故人表面上是孟浩然，但其实是仙人啊！李白是借用仙人的故事来激励孟浩然，希望将来孟浩然也有机会驾鹤飞升，心想事成。——提醒一下，刚才有位同学听得很认真，但是没有做笔记，希望你能够一边听一边记。

很好，现在已经回过神儿来了，在记了，非常好。

我们刚才又提到了一个词叫做 **"驾鹤飞升"**（板书），其实驾鹤飞升的是大有人在啊！古时候有个仙人叫子安，子安在黄鹤楼驾着一只黄鹤然后得道成仙了。除此之外呢，还有一位仙人，是你们的老熟人儿了，就是"八仙过海"里面的吕洞宾，知道吗？

吕洞宾也是相传在黄鹤楼里与黄鹤翩翩起舞，如痴如醉，然后驾着一只黄鹤逍遥云游去了。而且，他在黄鹤楼上与仙人共舞，与黄鹤共舞的故事和典籍不仅在李白的诗中体现到了，还有一位诗人也对此有所表述，他的名字叫崔颢（板书）。——插一句啊，我们的诗人现在越来越多了，你需要做好笔记了。

崔颢写过这样一句诗来表达他对黄鹤楼的喜爱，或者说他对黄鹤楼这样一座仙楼的崇敬，他说：**"昔人已乘黄鹤去，此地空余黄鹤楼。"**（板书）什么意思呢？这仙人啊一个一个的驾鹤仙游去了，此地只剩下了黄鹤楼，下面还有两句也很美，说：**"黄鹤一去不复返，白云千载空悠悠。"**（板书）可见一提到黄鹤楼，那一定是如梦如诗的仙境，所以此时孟浩然从这么有名的仙楼出发，那就预示着他的前途是一片光明。

在这里大家可能有疑问了，你不是说孟浩然一辈子都没当成官吗，怎么此时李白似乎对他充满了信心？我可以告诉大家这首诗的创作时间，恰恰是我刚才提到的孟浩然四十岁以后重出江湖，意气风发的时候，别看年纪已经很大了，但是那个时候他对仕途充满了希望，而且又得到了高人的引荐，所以此时李白是在黄鹤楼为他壮行。

我们一上来就看到李白对孟浩然是充满了期待，充满了祝福啊！"故人西辞黄鹤楼"，表面上是写孟浩然，其实是借用仙人的典故来激励他。第二句就更好玩儿了，"烟花三月下扬州"，刚才有同学不知道广陵是哪儿，这第二句就告诉你了，他要去的是扬州。

提到扬州，又是一个非常独特的城市，这个城市在古人眼里看来是绝对绝对繁华的地方，读过武侠小说吗？

生：（摇头）

师：没有啊？那太遗憾了，一定要去读一本啊，正好假期这么热的天，在家里感受一下刀光剑影是很清凉的事情。

生：（齐笑）

师：苏老师就喜欢读武侠小说，正在如痴如醉地读着《鹿鼎记》，第二回开篇即写道"扬州城自古为繁华胜地"，扬州是一个非常繁华的地方。那么我们说"烟花三月下扬州"，这个时间也特别好。你看这个"烟花"是什么意思？

生：烟花是春天里花的景色。

师："繁花似锦"是吧？如这位同学所言，"烟花"我们一般的解释是繁花似锦，但是如果你要去了扬州，你要去问问他们本地人，他们会给你一个非常奇怪的答案，他们会说："在我们看来，'烟花'就是柳絮。"因为到了三月份这个时候啊，很多很多的柳树都开始飘飞柳絮了，满城都是柳絮。

不晓得今天有没有来自扬州的听课老师，我今年三月份为了证实这个事情，专门去了一趟扬州。果不其然，满城都飘着柳絮。所以他们认为这柳絮是"烟花"真正的含义。那么"烟花三月下扬州"就是在最美好的时节，在春天去扬州这个繁华而充满希望的地方。前面的这两句，让我们感觉到孟浩然要去的是个好地方，李白对他充满了祝福，充满了期盼。

作为大诗人的李白，作诗的功夫自然好生了得，这诗的前两句"故人西辞黄鹤楼，烟花三月下扬州"，还有一个典故在里面。史书中是这样记载的：说有四个人在一起谈梦想，第一个人说，我的梦想是做一个扬州刺史。我要做刺史，但是别的地儿我不去，你给我济南，不行，青岛的我不干，我偏要去扬州。你们知道，扬州刺史是个什么官儿么？

生：（摇头）

师：就是扬州市市长，所以这第一位的梦想是当官儿。第二位说，我跟你的梦想不一样，我的梦想是腰缠十万贯，什么意思呢？对，很有钱，发财，做大款。第三个人说，你们俩真庸俗，我跟你们不一样，我的梦想是驾鹤飞升，我要成仙。第四个人最厉害，说，你们三个老兄，out了，看我的，我的梦想是这样的："腰缠十万贯，骑鹤下扬州。"（板书）

生：（笑，掌声）

师：这第四个人的梦想是集升官、发财、成仙于一体啊，腰缠十万贯，骑鹤下扬州。看到这儿，同学可能就知道了，李白厉害吧！两句诗"故人西辞黄鹤楼，烟花三月下扬州"，把这升官、发财、成仙三方面的祝福统统一并送给了孟浩然，可谓是知我者李白也！所以这里充满着李白对老朋友此行的憧憬、期待和祝福。

但是我们说回来了，这首诗既然是一首送别诗，虽然扬州那么美，美得可以说繁花似锦，国色天香，有诗为证，是这么说的：**"天下三分明月夜，二分无赖是扬州。"**（板书）什么意思呢？天下如果有三分明月，其中有两分无赖是属于扬州的。多厉害呀！注意这里的无赖是什么意思，友情提示，"最喜小儿无赖"，什么意思，学过吗？来试试解释一下。

生：是调皮、可爱、淘气的意思。

师：谢谢你，答得真好。如果说天下有三分明月夜，那么其中的两分最可爱的要数哪里呢？扬州！可见古人对扬州那叫一个一往情深，所以我们说即便是送孟浩然从黄鹤楼走，又要去二分"无赖"明月在扬州的繁华之地，但是毕竟是一首离别诗，我刚才还说来着：**"悲莫悲兮生别离，乐莫乐兮新相知。"**（板书）什么意思啊？最悲伤的事情莫过于我和你生生别离，最快乐的事情莫过于我们结识了好朋友。那么此时既然是离别，我们讲还是一种悲伤的心情，还有一种依依不舍在里面。

我们看看后面这两句："孤帆远影碧空尽，唯见长江天际流。"那么这两句诗我们应该怎么来解释呢？我请一位同学来简单解释一下，意思说对就可以了。谁来试试看？

生：意思就是在江面上只有这一叶孤帆，只见长江在天地间流淌。

师：谢谢你，说得非常好！我们说只看到一叶孤帆消失在天的尽头，只剩下滚滚的长江在天地间奔流不息。但是问题出来了，我们看前面的几句话。"烟花三月下扬州"，从我们的生活常识来说，三月份是开春的时间，俗话说的好，"一年之计在于春"，那么春天正好是江南的水运最繁华的时候，作为运输主干道的长江那一定是千帆竞渡，但为什么诗人却说是"孤帆"呢？来，你说说看。

生：因为在他的眼里只有孟浩然那一只船在他的视线里。

师：为什么只有一条船？因为他对孟浩然怎么样？

生：因为他对孟浩然依依不舍。

师：非常好啊，同学们还有不同的意见吗？跟她是一样的吗？是的话就点点头。

生：（点头）

师：好，谢谢，看来这个问题大家意见高度一致。那么，我们不妨借用一句非常好听的歌词来解释这个问题，叫做"我的眼里只有你"。对于李白而言，他的眼里只有孟浩然，所以说所有的千帆过去皆不是，只有孟浩然这条船是他心中的唯一。在这里告诉大家一个非常高深的词，在美学的概念里面，这个词叫做"孤离审美"。

什么叫"孤离审美"？就是除了我感兴趣的事物什么都看不到。这个也很好理解，如果你回去问问你们的老爸老妈，他们会告诉你什么叫"孤离审美"。比如从小到大，你们参加过运动会，参加过各种各样的活动，那么在这个活动过程中，不管你是主角还是配角，你的老爸老妈只要来看你的演出，他们的眼里只有你。可以问问我们在座的听课老师们，当爸爸妈妈都有这种感觉，只要自己的孩子在台上，其他的孩子哪怕是长得像天仙一样，可爱得无与伦比，也看不到，我的眼里只有你，这个就叫"孤离审美"。

生：（笑，掌声）

师：其实，这个"孤离审美"的概念，在中国的传统典籍《列子》

（板书）里面也有所记录。《列子》里面有这样一个很好玩儿的故事，说有一个人嗜金如命，特别喜欢金子，爱到什么程度呢？

有一天早晨，他把自己打扮得漂漂亮亮、干干净净的，就像在座的各位一样，一表人才，就出发了。然后昂首挺胸地走进一家卖金子的店铺里面，二话不说，掏出人家柜台上的金子放进兜里，就大摇大摆地出门了。这店铺老板一看，哎哟，不得了了，光天化日之下来抢金子，这还了得！老板一把抓住这个家伙，质问他："干嘛呀！大白天抢金子，你疯了吗？"谁知这个人竟然非常理直气壮地说："取金之时，不见人，徒见金。"什么意思啊？我就爱金子，偷金子时我根本没看到你们，不把你们放在眼里，我只看到了我的金子，我只见金，不见人。所以说，这就是"孤离审美"。

那么此时的李白对孟浩然也是如此，这么多的帆船我都看不见，我就看到了孟兄你的这只船，这真的是表达了李白对孟浩然的依依惜别之情，如果再夸张一点说，就是表达了李白对孟浩然的爱，是不是太夸张了？李白爱孟浩然，听上去怪怪的是吗？

有诗为证。李白说：**"吾爱孟夫子，风流天下闻。"**（板书）我没有夸张吧？李白毫不掩饰对孟浩然的情谊，说我就是爱孟浩然，我爱你的人品，我爱你的才华，而且提到夫子，我们先想到的是孔老夫子，在李白的眼里，孟浩然都可以和孔夫子相提并论，可见爱之深，情之切。因为你风流倜傥，你非常洒脱，虽然当官儿不成，但是你的人品和才华是有目共睹的，所以说"我爱孟夫子，风流天下闻"，想知道这首诗的题目吗？

生：想。

师：呵呵，这首诗的题目特简单，大家都能取出来，就叫《赠孟浩然》。这首诗还有后两句，写得也如神来之笔：**"红颜弃轩冕，白首卧松云。"**（板书）写出了孟浩然的翩翩风采。可以这样讲，李白一生作诗无数，但是能够把朋友的名字直接嵌到题目里的还真不太多，能够两首诗都把名字嵌进去的更是屈指可数，包括诗圣杜甫也难得享此殊荣。所以说李白对孟浩然的情谊的确是苍天可鉴。原因很简单，第一是孟浩然有才华，第二是孟浩然人品好，第三两个人投缘儿，这也很重要。两个人都仗义执言，天性洒脱，嗜酒如命。

讲到这儿，我们之前提出这首诗的感情问题，答案也已经揭晓了。在这首诗里，可以说既有非常豪迈的、幸福的、高兴的情绪在里面，比如说前两句；同时还有淡淡的离别的忧伤，比如说后两句。所以，通过对这个问题的研究，我们要知道，今后在回答一个问题或者在思考一个问题的时候，不要急于下结论，并不是说答案是单一的，不是黑的便是白的，其中还有一个"灰色地带"，我们还可以把这个问题综合起来想一想，是不是可以从不同的角度去考虑。这是我们学会欣赏诗词的一个好方法。

好的，接下来，我又要请同学们用你自己的情绪来读这首诗，此时是什么样的感情就直接读出来，老规矩，男女各一位，派个代表。好，你来。

女生：（女生诵读，感情较平淡）

师：你读得不错，但给你提个小小的建议。你很想把你的感情读出来，但你的表现力还缺一点点。其实前两句和后两句的情感还是有区别的对不对？前两句，送友人，一次壮行，后两句，依依不舍之情，所以你可以把前后明显不同的感情表现得再强烈一些。当然你能用你的心来读，也是非常难得的。好的，下一位，谁没有读过？好，你来读。

男生：（男生有感情地朗诵古诗）

师：太棒了！非常感谢！你真是和李白心有灵犀啊！来，我们把掌声送给刚才两位同学。

生：（鼓掌）

师：我们不要吝啬自己的掌声，要给回答问题精彩的同学一些鼓励。要知道你的掌声既是对他们的鼓励，也是你自信的表现，因为你愿意为别人的优秀而喝彩。

好的，接下来，我们继续。提到了诗仙李白，我们就要循着李白往下讲了，刚才李白送走了一位孟浩然，在送别诗里面，还有一首诗跟李白有着密切的关系，也是李白写的。李白还被一个人送过，这个人是谁呢？他和李白之间又发生了什么惊心动魄的故事呢？欲知后事如何，且听下回分解。

导读

《赠汪伦》是李白送别诗里的千古名篇。一句「桃花潭水深千尺，不及汪伦送我情」写出了李白与汪伦的深厚友情。可是，在历史上，汪伦是个名不见经传的小人物，缘何会得到大诗人李白如此厚爱，不惜将其名字嵌入诗题，专门以诗相赠呢？俗话说，患难见真情，汪伦对李白的情意，绝非字面上那么简单。这首诗的背后，还隐藏着李白鲜为人知的跌宕人生，以及在李白生死攸关的时刻，汪伦所给予的肝胆情意。诗中的一个「忽」字，道出了李白不为人知的忐忑心情。这究竟是怎么一回事？让苏老师的课堂带给你一个惊心动魄的《赠汪伦》。

师： 上节课我们提到，李白在黄鹤楼送走了孟浩然，留下了千古佳话。而在送别诗里面，还有一首诗跟李白有着密切的关系，也是李白写的。不同的是，这次不是李白送友人，而是友人送李白。你知道这个人是谁么？你来说。

生： 应该是《赠汪伦》。

师： 恭喜你，答对了！我们说李白不仅送友人送得是情真意切，而且还被友人送过，就是这位汪伦老兄了。接下来还是老规矩，先读读看吧！

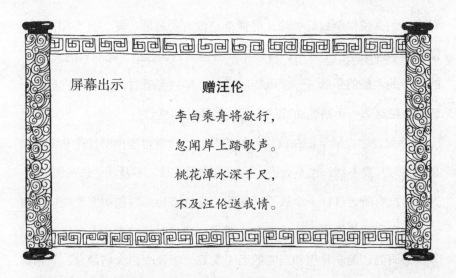

屏幕出示　　　　　　　**赠汪伦**

李白乘舟将欲行，

忽闻岸上踏歌声。

桃花潭水深千尺，

不及汪伦送我情。

生：（全体诵读《赠汪伦》）

师：非常好，我们说这首诗也是大有来头的。首先我想问大家一个问题，汪伦是谁？汪伦是唐朝人，是李白的好朋友，这些大家都知道，就不必说了，说点大家都不知道的。你那么开心，你来说。

生：（答不上来）呃……

师：呵呵，说不出来也没关系，估计你在心里说，汪伦也是我哥们儿哦！因为读了这首诗，你已经和汪伦有感情了。特别喜欢你笑的样子，因为上节课的时候你没有笑，你刚才的笑容让我很开心。

好的，我们说对于汪伦，你们不知道那就对了，因为在历史上关于汪伦生平往事的记载少之又少。所以说连史学家都不清楚的人，我们不知道那很正常。但是问题就出来了，这么一个名不见经传的小人物，却被李白这个大诗人花如此的笔墨来写，是不是蛮奇怪的？那么我现在问你一个问题，读这首诗是什么样的心情？

生：我觉得李白很感激汪伦，因为汪伦踏歌送李白。

师：你的意思是李白特感激汪伦，因为汪伦是踏着歌来送李白的，对吗？怎么说得李白好可怜，好像李白没有听过歌一样。其实在宫廷里面好多乐师给李白唱歌听，好多乐师给他送行，包括"此曲只应天上有"的那个仙人般的乐师——李龟年的音乐，李白都听过，他都没有感动，怎么汪伦这么一个踏歌而行的人却让他如此的感动？

　　总而言之，同学们在读这首诗的时候，会觉得李白对汪伦非常有情义对不对？要不然，也不会说"桃花潭水深千尺，不及汪伦送我情"了。大家有没有听过这样一个故事，在我们学这首诗的时候语文老师应该讲过，说在民间传说里，汪伦是个土财主，在当时的村里小有名望，懂点琴棋书画的，他非常想和当时的名士交好，听说李白大名鼎鼎，就怕请不来他，于是乎就写了一封信，投其所好。有同学开始点头啦，看来是听过。我们都知道李白一生有两大爱好，第一是干嘛？

　　生：喝酒！

　　师：对！喝酒！第二是？

　　生：游山玩水。

　　师：对，游山玩水！于是汪伦就托人给李白送了封信。李白打开信一看，非常激动。因为信上说："先生好游乎？此地有十里桃花。先生好饮乎？此地有万家酒店。"李白看罢，拍手称好，又能喝酒，又能赏花，赶紧去吧！于是他乐颠颠地就跑去了。

　　去了之后才发现就是一个小村庄，啥也没有，然后就问汪伦："你这是干嘛，这不忽悠我吗？"汪伦说："我没忽悠你啊。你看，我们这儿有个桃花潭，就在不远的地方，方圆十里，但是没有桃花。我们这儿的确有万家酒店，就在村东头儿，老万家开的酒店，可不就叫万家酒店。我可没说有一万家酒店啊！"李白一听啊哈哈大笑，说汪伦啊，真有你的。接着两个人就吟诗作对，交上了朋友。临走的时候，汪伦是又赠绸缎，又赠马匹，还把李白送上了船，而且还是载歌载舞，表达了心中的不舍。李白一时兴起，为这样一个仗义疏财的好朋友写了一首《赠汪伦》。

　　这个故事大家听过吗？有听过的，有没听过的，大多数同学都听过，但是事实是这样的吗？我认为不是这样的，因为苏老师做了研究，发现这首诗的背后居然隐藏着一个惊天的秘密，你们想不想知道？

　　生：（非常兴奋）想！

　　师：看同学们的眼睛瞪得大大的，亮晶晶的，老师也很兴奋。其实，要了解这首诗背后的故事，还是要回过头来看看这首诗是什么时候写的。这首诗的写作时间和背景非常特殊，因为桃花潭这个地方，或者说汪伦的家乡就在安徽宣城。在史料中有两种记载，一是说李白曾经三次去过宣城，一是说他七次去过宣城。但是无论是三次还是七次，有一种说法是这样的，李白是在"安史之乱"爆发之后来到宣城，写下了这首《赠汪伦》的。这里有个词儿叫**"安史之乱"**（板书），听过这个词儿吗？

　　李白生活的时期是唐朝，唐朝是我们历史上最引以为荣的时代，堪称那个时期的超级大国。但是不管是怎样的繁荣富强，一场战乱将这样一个伟大的朝代推向了风雨飘摇，这个战乱就史称"安史之乱"。看来大家不是特别了解，我简单讲一下吧。"安"指的是谁呢？

　　生：安禄山。

　　师：没错，你懂得真多。"安"指的是安禄山，"史"指的是？

　　生：（摇头）

　　师：史思明。安禄山和史思明是当时唐朝的两位节度使，节度使是一个官职名。这两位都有胡人少数民族的血统，特别是安禄山，非常善于阿谀奉承，表面上看对皇帝忠贞不二，其实早就心怀鬼胎。安禄山是人老脸皮厚，比杨贵妃大出将近二十岁的年龄，却认了杨贵妃做干妈，可见他是多么厚颜无耻。

就是这么两个家伙谋反叛乱，掀起了一场轩然大波，用这样一种战乱的方式，企图去颠覆大唐江山。这场战乱爆发了以后，唐玄宗是措手不及，所以就有了历史上非常有名的一段，唐玄宗在撤退的途中，应士兵的要求，让杨贵妃上吊自杀了。但是安禄山和史思明叛乱的时间里，唐玄宗同样也在想办法用什么方式去镇压他们的暴乱。

这时候，他想到了一位大将，他的第十六子李璘。李璘在当时被封为永王，唐玄宗便派他带领大军去镇压"安史之乱"。永王李璘很有王者风范，既然要带兵打仗，就必定要招兵买马。他要招募一些有识之士来加入自己的部队，就在招罗人才的过程中，他发现了一个大才子，是谁呢？

对了，李白。大家都知道李白是个诗人，其实李白这一生是非常多彩的，因为他做过各种不同的职业，他有多种特长。我们只知道他是斗酒诗百篇，既能喝酒，又能作诗，但是可能很少有同学知道李白还是个武林高手，相不相信？李白曾经说过自己十五岁的时候就已经**"仗剑去国，辞亲远游"**（板书）了。

什么意思呢？就是带着一柄长剑，白衣飘飘，开始各地游走，行侠仗义，他的剑法可见也是好生了得。想想看，倘若是一个文弱书生，配着一柄长剑，看上去会不伦不类。但李白可不是文弱书生，而是文武双全的才子侠客。他去了永王的部队以后，斗志昂扬，写了这样一首诗来表达应征入伍时的心情，题目就叫《永王东巡歌》（板书）其中有这样两句："**但用东山谢安石，为君谈笑静胡沙。**"（板书）听过吗？

生：（摇头）

师： 什么意思呢？这首诗是专门送给永王李璘的，来表达自己意气风发的战斗状态。这两句中运用了一个典故，注意看这里有一个名字是谢安，知道谢安是谁吗？

生： （摇头）

师： 谢安是东晋，时期一位非常有名的将领，也是在四十岁之前过着半隐半世的生活，你让我出来指挥打仗，我就出来效力，但我不贪慕荣华富贵，打完仗之后就又退隐山林了。有一场战役却改变了谢安的命运，当时东晋是大兵压境，敌军将领在历史上也是赫赫有名，叫**苻坚**（板书），这个人带领着号称百万的大军来攻打东晋。而此时谢安正隐居在哪儿呢？

隐居在东山那儿，朝廷派人来说不得了了，苻坚带领着百万大军压境，您赶紧出来帮我们大干一场吧！谢安一想国家有难，匹夫有责，于是重整旗鼓，从东山雄赳赳，气昂昂地就出来了。出来以后的谢安可不得了，运筹帷幄，决胜千里。他用了妙计以区区八万人就大破了苻坚的百万军队，指挥了一场在历史上颇有声望的以少胜多的战役，叫**"淝水之战"**（板书）。我们到中学历史都会学，现在知道了，将来就不会陌生了。

谢安指挥"淝水之战"的过程那叫一个潇洒，前面大军在战场上刀光剑影，打得人仰马翻，谢安却在后方的营帐里跟一位部下谈笑风生，下着围棋，沉着淡定。等胜利的消息传到，一盘围棋刚好下完。整个苻坚的大军被谢安的部队打得落花流水，一败涂地。

所以李白就引用了谢安这个典故，说："但用东山谢安石，为君谈笑静胡沙。"这句话中还有一个词叫"胡沙"，我们刚才说的安禄山、史思明有胡人的血统，就是这个"胡"。李白借用谢安这个典故来表达冲锋陷阵，驰骋战场的澎湃激情，意思是，我李白也会像谢安一样有勇有谋，谈笑间，樯橹灰飞烟灭。那么在这里，我们需要注意了，"但用东山谢安石"引申为今天的一个成语，能猜出来吗？你的手举得好高，我非常迫切地想听你说出来。

生：东山再起。

师：恭喜你，来，掌声送给他。没错，我们说这个典故就引申为今天的一个成语，叫做**"东山再起"**（板书）。"东山再起"就是指谢安出山的这个典故，所以此时的李白可谓是意气风发。那么接下来我们可以想象了，在大漠之上，在大河之巅，"安史之乱"叛军的部队和永王李璘的部队进行了一场又一场的血战，终于永王李璘战胜了安史叛军的主力部队，取得了阶段性的胜利。

但是此时一个非常意外的状况发生了，永王李璘的部队在大败了安禄山、史思明的部队之后，自己认为功高盖主，就有了谋反之意。永王认为自己能够大败安史叛军，那么也有可能自己去当皇帝，坐稳大唐江山。结果，一夜之间，永王李璘的部队从一支保卫大唐的正义之师变成了一支忤逆大唐的叛军，李白也莫名其妙地从一个爱国者变成了一个叛国者的从犯，成为叛军的军师，被朝廷通缉的对象。

接下来的结果可想而知，永王李璘兵败被杀，而他的这群叛党属下则想到了一个共同的办法：三十六计走为上计！在皇帝还没有追查到每个人明细的时候，先逃亡吧。于是乎，李白就加入了浩浩荡荡的逃亡大军。曾经的豪情万丈变成了空空的行囊，此时的李白拖着自己已经生病的身体，一边逃，一边躲，一边感慨，一边惊慌，然后逃呀逃，逃呀逃，就逃到了安徽的宣城。所以，李白来到宣城时，是抱着带病的身子，抱着一种非常忧郁的心情，抱着非常惊慌恐惧的心情，因为他是朝廷的通缉犯，是一个亡命天涯的逃犯。

在一个暮色刚刚降临的夜晚，李白独自来到了江边，一个人艰难地、静静地解开了小船的绳索，准备上船——"李白乘舟将欲行"。但是就在这个时候，忽然间岸上传来了一阵歌声——"忽闻岸上踏歌声"，注意这个字："忽"。此时在这样一个特殊的时间，特殊的地方，突然传来一阵歌声，这个"忽"字让你感觉到了什么？

生：我感觉到汪伦在想着李白，他看起来要走了，就马上过来给他送行。

师：现在你并不了解汪伦，你该了解的是李白，我想让你站在李白的角度，此时如果你是李白的话，在你自己是个逃犯的时候，准备离去时，忽然间听到歌声，是什么感觉？

生：我感觉非常激动。

师：天哪，居然有人赶来为我送行，很激动。还有吗？

生：会有很突然的感觉，觉得就像一阵风，一瞬间，突然传来一阵歌声，有点莫名其妙。

师：莫名其妙，非常奇怪是吧？这个时候怎么还会有人唱歌呢？还有呢？

生：我感觉李白有一些不知所措，因为他是朝廷的通缉犯，所以要有人来为他送行，他会很惊讶，不知所措。

师：惊慌呀，如果不是看到送行的，我还以为是官府唱着号子来抓我呢，先派个先头部队来抓我。来，你说。

生：我觉得李白此时也是很幸福的。因为在他是通缉犯的情况下还有人来送他，所以感觉李白非常幸福。

师：对呀，我们说患难见真情，每个同学都说出了李白此时的心情，所以一个"忽"字如天外之音打动了我们。首先我们说此时江边是安静的，寂寥的，对吧？如果此时江边充满了吆喝声，汪伦的小小的踏歌声李白能听到吗？

生：听不到。

师：所以我们说李白一定是在一个夜深人静的夜晚悄悄地离去，对不对？相当地小心，相当地谨慎啊。此时的江边是寂寥的，空旷的，让人伤感的。而忽然，一阵歌声传来，李白首先是惊，吓了一跳，不会是有人来抓我了吧，还踏着歌，大张旗鼓地来了。

结果回头一看，原来是汪伦，是我认识的一位朋友来送我，就像我们同学说的，非常幸福。我是一个逃犯，居然还有人能冒死来为我送行。要知道在古时候，法律是非常严格的，如果你与朝廷的逃犯有任何瓜葛，极有可能会被株连，甚至被判处死刑。所以我们讲的生死之交，说的就是汪伦这样的朋友。能有这样一个生死与共，肝胆相照的好朋友，李白觉得非常幸福。

再者，他悲不悲伤呢？当然悲伤。从天堂掉进地狱，曾经自己也是一代名流，享尽人世繁华，却落得如今的狼狈下场。李白不是一个没见过世面的人，李白曾经被人送过行，而且场面空前。

我们看看李白自己怎么说，他在诗里这样写道：**"朝辞明主出紫宫，银鞍送别金城空。"**（板书）你看看，李白是见过大世面的人啊，那个时候的李白，天下人都知道他是皇帝的御用诗人，所以当李白出行的时候，场面何其轰动：早晨离开英明的主子，走出紫宫，紫宫就是皇城，骑的高头大马是用银子做的马鞍子，多么奢华。而且这一走不要紧，整个城市都空了，为什么呢？都赶来为李白送行，何其壮观的场面。

遥想当年，再看今夕，李白怎能不感慨万千，当年的荣华富贵，当年的风光无限变成了今天江边孤寂悲伤的独行。所以我们说"忽闻岸上踏歌声"，心中还有悲怆的情感。但是更重要的还是一种幸福，在这个时候，并不是所有人都和我划清界限的，不是所有人都把我视为逃犯和叛贼的，老百姓不出卖我已经谢天谢地了，居然还有这么一个人敢于来为我送行，并且不是低调地、默默地送行，而是踏着歌让所有人知道，我和李白就是有关系，我力挺他，我不怕死。所以，此时的李白心情如何？激不激动啊？激动！感动！而且来送我的不是达官贵人，而是一介草民，普通得不能再普通的，连史料中都记载极少的村民汪伦！

所以这一踏歌，寂寥的江边顿时不再寂寥，于是乎，李白感慨到什么？"桃花潭水深千尺，不及汪伦送我情"，就算是桃花潭水再深也赶不上汪伦送我的情谊深啊！

这里大家可能又要奇怪了，李白是在桃花潭被汪伦送的吗？不是的。这里的桃花潭水是一种隐喻，这也是李白写诗的高明之处。刚才我们说汪伦是安徽宣城人，桃花潭是汪伦故乡的一处景物，李白用此来表达自己的情感，让汪伦感觉到非常亲切。

这就随便举一个例子，苏老师是青岛来的，而你们是济南的孩子。如果你跟苏老师说，苏老师你有着非常博大的胸怀，就像我们的大明湖一样，我很开心。但如果你说，苏老师你的胸怀真够博大的，就像青岛的大海一样，哇，我更开心，因为你知道我故乡的景物。其实，李白就是用这种方式来表达对汪伦的感激之情，用汪伦故乡的桃花潭水来比拟和汪伦之间的情谊，让汪伦倍感亲切。大家想想，在非常时期的非常友谊的确是令人难以忘怀的，于是便有了这首千古绝唱《赠汪伦》。

好了，接下来进入我们的朗诵时间，男生女生各派一个代表，来表达你此时的心情。就把自己想象成李白，为汪伦这个侠肝义胆的好朋友送上这首诗吧！你读过吗？来，试试看。

女生：（女生有感情地诵读《赠汪伦》）

师：非常好！掌声送给我们的可爱女生，虽然是一个非常娇俏的女儿身，但是让我们感觉到了你心中的侠骨柔情。谢谢你，男生哪一位？有请你吧。

男生：（男生有感情地诵读《赠汪伦》）

师：你的声音非常有感染力，谢谢你深情的朗诵。我们说，李白一生中有太多太多的经历值得我们分享和研究，刚才我们也提到李白一生非常喜欢游山玩水，那么下节课，我们就从李白游山玩水的过程中再来感受一首与他有关的山水诗篇，走进诗仙李白的另一段精彩人生。欲知后事如何，且听下回分解。

第四节 九天之外诗情泻下

——《望庐山瀑布》课堂实录

导读

李白的一首《望庐山瀑布》，给我们呈现了一幅壮美的山水图。而这首看似简单的山水之作中，却蕴藏着中国文化中的几个重要符码，表达了李白在特殊的人生时期对理想的坚守和对命运的期待。这究竟是怎样一首暗含天机的诗作？且听苏老师诗词课堂的精彩讲述。

师： 之前我们提到了李白的一生有太多太多的经历。他热衷于游山玩水，广交朋友。那么接下来，我们就从李白这游山玩水的过程中再来感受一首与他有关的山水诗篇。为什么说李白喜欢游山玩水呢？同样有诗为证，李白在诗中说自己 **"一生好入名山游"**（板书）。相比之下，李白对山水的情谊远远超过了对其他世事繁华的感受，所以他说"一生好入名山游"。

李白一生中游历的名山无数，写下的诗篇也无数，我们先来看一看他的这首诗。友情提示一下，李白曾经写过一座山，还写过这山上的水，这水还不是一般的水，是气势相当恢弘的水。你们猜这是哪首诗？

生：《望庐山瀑布》。

师：你太帅了，一下就猜中了。就是这首著名的《望庐山瀑布》。

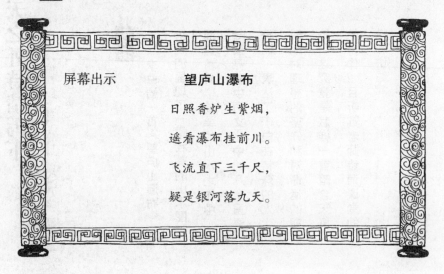

屏幕出示　　　　　**望庐山瀑布**

日照香炉生紫烟，

遥看瀑布挂前川。

飞流直下三千尺，

疑是银河落九天。

师：学过吗？

生：学过。

师：又学过，又是一个熟悉的陌生人，对吧？现在同学们说学过都有点底气不足了，是不是觉得学过跟没学一样啊？其实不是的，我们说学过了，那是我们课堂上应该掌握的知识，但是今天老师讲的是诗词背后的故事，所以说充满自信，没问题。好的，接下来我们先一起来读一读，能背的就背，"望庐山瀑布"，开始！

生：（全体诵读《望庐山瀑布》）

师：好，非常不错，那么同样还是一个非常老套的问题，读这首诗什么感觉？实话实说，谁还没有回答过问题？

生：我感觉李白对庐山瀑布有种赞叹。

师：很好，这个词儿用得很劲道，赞叹。

生：他写得很大气。

师：大气，很好。

生：我感觉李白就是有一种赞美的感觉。

师：非常好，这一次大家的感觉都对了，我们基本上都落脚在赞叹、大气、感慨、赞美这样几个词语上。实际上，李白写这首诗的确如我们各位所言，真的就是这样一种情怀。为什么这样说呢？这首诗写的时间可以证明这一点，那这首诗写在什么时候？就写在刚才我们说的"但用东山谢安石，为君谈笑静胡沙"的准备时期，因为李白在庐山归隐了一年，这一年里面经历了庐山的春夏秋冬，他就是在等待时机来报效自己的祖国。

"安史之乱"之后，李白觉得时机来了，报国的愿望更加强烈，所以就在庐山等待时机。等了一年，终于给他等来了，等到了永王李璘请他出山做军队的幕府，接着就有了前面我们《赠汪伦》中讲到的那些故事。在庐山隐居的日子里，李白写下了很多首赞美庐山的诗，其中这一首就是最有名的一首。我们说诗里面一定包含着李白特殊的情感，除了大气、赞叹之外，还有他对自己想要出山，报效国家，能够大展宏图的一种愿望或愿景。

接下来，我们就一起换个角度来研究一下这首诗。首先来看第一句"日照香炉生紫烟"，这里的香炉指的是什么？谁知道？

生：这里的香炉是指香炉峰。

师：非常好，香炉峰是庐山的一座山峰，因为形状像香炉，所以叫香炉峰。我们说"日照香炉生紫烟"，这里描述了一种非常神奇的景观，一种非常神秘的颜色。太阳照在香炉峰上飘出了一团什么颜色的烟？一个字，很重要。

生：紫。

师： "紫"！好的，我们说故事来了。大家有没有想过为什么说偏偏生出来的是紫烟啊？太阳照在香炉峰上怎么不是生白烟，生黑烟，生彩烟，生红烟，生黄烟，为什么偏偏是生紫烟呢？这里面学问可大了，李白用这个字绝对不是信手拈来，而是别有心意。因为紫色在中国是一种非常特殊的颜色，紫色是高贵的颜色，是吉祥的颜色，是神秘的颜色，而这个紫色就代表着李白心里的愿望。首先我们来看一个跟这个颜色有关的成语叫**"紫气东来"**（板书），听过吗？

生：听过。

师： 在什么地方看到过这个词儿？

生：我是在老家，他们都是在大门的上头刻上"紫气东来"这四个字儿。

师： 很好，在老家大门儿上，还有呢？

生：有些武功的招儿也是"紫气东来"。

生：看到一些史书上都有记载，皇帝出生的时候经常会有"紫气东来"类似的奇异迹象。

师： 很好，同学们都从不同的角度介绍了这个成语。今天"紫气东来"这四个字儿一直在用，那么紫气东来是什么意思呢？这里面有一个典故，跟中国古时候的一位大智者有关，他的名字叫老子。

老子原名是李耳，中国古人习惯上尊称非常有智慧的人为"子"，像孔子、孟子、韩非子等。老子是道家学说的代表人物，是中国古代最有智慧的先哲，也是我们所熟悉的太上老君。话说老子生活的时代是周朝，他当时也是在朝为官的，而且是个蛮不错的官职，叫做"守藏室之官"，在今天就相当于国家图书馆管理员这样一个官职。想想看，老子本身就聪慧过人，加上天天泡在典籍书海里，自然更是如鱼得水。

老子有先知先觉，他见周朝日渐衰弱，预测到天下必将大乱，于是决定辞官儿远游，骑着一头青牛，悠然离去。而在这个时候，另外一个地方又发生了件很神奇的事情。这个地方是当时的一个关口，叫函谷关，守关的人叫尹喜，史书中称"关令尹喜"。这关尹喜有一天发现有一团紫气自东而来，他本身就研究星象和占卜之术，认为这个紫气是吉祥之兆，觉得幸运万分。于是就每天焚香净手，朝着那团紫气的方向天天磕头，祈祷，顶礼膜拜，希望真有吉祥的事情发生。

果不其然，三天三夜之后，尹喜从关口迎来了一位骑着青牛的老人，悠然悠然，器宇不凡，仙风道骨。关尹喜立刻跪拜，说老人家，您看看，我就知道这团紫气是吉祥之兆，终于迎来了您这位老神仙，我如此虔诚，您可否留两句教诲给我呢？这骑青牛的老人一看，这尹喜也是孺子可教，便留给了他一部经书，上篇叫做《德经》，下篇叫做《道经》，合起来就叫做**《道德经》**（板书）。

这位骑着青牛的老人，大家一定也猜出来了，就是刚才提到的大智者，道家的代表人物老子，而这部《道德经》便是道家学说的经典之作，因为一共有五千个字，于是又被称为**《老子五千文》**（板书）。而因为这个典故，也演化出今天的一个成语，叫"紫气东来"，是个很祥瑞的词，指招福、纳祥的意思。家门口若贴"紫气东来"，就表示把吉祥纳入自己的家中，是个非常好的兆头。

那么讲到这里，我们再回到李白的《望庐山瀑布》的诗中，就可以理解了，为什么李白说"日照香炉生紫烟"？香炉峰，虽然是山的名字，但这座山因为形状奇特，酷似香炉，所以自然就有了吉祥之意。因为香炉本身就是一个贡品，一个法器，在香炉上插上几柱高香，自然就有了祈福之意。所以，当太阳照在香炉峰上，升腾出的朦胧云雾就像从香炉中袅袅生出的祥瑞紫烟，表达了李白希望有吉祥之兆降临，希望自己像尹喜一样看到紫气东来，报国愿望得以实现的心情。

所以接下来就说，"遥看瀑布挂前川。飞流直下三千尺，疑是银河落九天"，后面这几句表面上都是在写瀑布，实际上表达了李白渴望大展宏图的愿望，所以把气势写得如此之大。在这几句诗里，也有一个词需要注意，"落九天"的"九天"是指什么？

生：传说九天有九重（zhòng）。

师：我知道你的意思，但不是九重（zhòng），而是九重（chóng），这是个多音字，是指一重一重的。就像刚才这位同学所说的，传说中天有九重，那么九天就是指天的最高处，所以，我们还经常用这样的词语来表达九天，就是**"九霄"**（板书）。我们经常说把烦恼抛到——

生：（齐答）九霄云外！

师：所以，九天之上就是天的最高处，也就是传说中的天宫。天宫里住着谁呢？王母娘娘，玉皇大帝，也住着众多的神仙，那么能够跟九天有关系的，在凡间的人唯有一个，就是天子。所以诗的最后两句"飞流直下三千尺，疑是银河落九天"，一方面表达了李白报效国家的宏图愿景，像壮阔的瀑布一样势不可挡，另一方面也表达了他非常渴盼天子能够有朝一日看到自己的心愿，圆自己殷切期盼的梦想。

正是因为李白这两句把庐山瀑布写得气势不凡，所以苏轼评价说："**帝遣银河一脉垂，古来唯有谪仙词。**"（板书）意思是玉皇大帝将天上的银河化作了庐山瀑布，而能把这瀑布写得如此壮美的只有谪仙李白的诗词了。谪仙，就是被贬的仙人，因为李白太优秀，不同于凡人，所以就被大家戏称为从九天之上，天宫之中贬到人间的仙人。

最早叫他谪仙人的是唐朝的另一位大诗人，你们应该认识，他就是**贺知章**（板书）。李白和贺知章是好朋友，李白在诗中说，他和贺知章在长安相见，贺知章就叫他"谪仙人"，于是这个雅号就跟随着李白一辈子了。既然刚才提到了九天，苏老师忽然想到还有一个很好玩儿的关于九天的故事，可以和大家分享一下。想不想听啊？

生：（非常兴奋）想！

师：话说清朝有一位大才子，也是乾隆皇帝身边的红人，叫纪晓岚。注意这个"纪"在做姓氏的时候读三声。相传有一次，这个纪大才子受邀为朝中一位一品大员的夫人做寿，因为是一品大员的夫人，所以大家都尊称她为一品夫人。这一品夫人端坐在堂前，满面春风，非常雍荣华贵。大家都知道纪晓岚才高八斗，学富五车，所以齐邀纪晓岚为一品夫人作一首祝寿诗，纪晓岚欣然接受。结果第一句话写下来，满堂皆惊！

因为他提笔写道："**一品夫人不是人**"（板书）。这个纪晓岚也太大胆了，一品夫人的脸立马煞白煞白的，心里嘀咕着，居然敢说我不是人，反了你了。没想到，纪晓岚面不改色，微微一笑，接着写了第二句，说："**九天仙女下凡尘**"（板书）。原来这一品夫人不是人，是神，是仙女，还不是一般级别的仙女，是从九天之上，天宫里面来的仙女，换句话说，是资深仙女。

生：（齐笑）

师：这时一品夫人的心顿时放松了下来，脸上由煞白变成了红润。但是接下来又变色了，因为纪晓岚的第三句写道："**生个儿子去做贼**"（板书）。一品夫人的脸立刻又白了，心想：我就有一个儿子，明明在朝为官，你竟然说他去做贼，你什么意思呀？一品夫人强压着心中的怒火，而纪晓岚则不动声色，提笔写了最后一句："**偷得仙桃寿母亲**"（板书）。这下，一品夫人的脸又红润润了，心想：我的儿子可不是一般的贼，那是神偷啊，而且偷的不是一般的金银珠宝，是九天之上王母娘娘的仙桃，然后拿着仙桃来孝敬我这个母亲，可见我儿是多么孝顺，而我在他眼中，也像九天仙女一样高贵无比。所以我们说，一个简单的词"九天"，却蕴含了这么深的意义。

而回到李白的《望庐山瀑布》，通过对"紫烟"、"九天"这些词语的解读，更能够充分感受到他在等待时机实现抱负时的由衷感慨。接下来进入我们的朗诵时间，哪两位？谁没有读过？我们给没有读过的同学一个机会。你一直好羞涩呀，试试吧！

生：（男生有感情地朗诵《望庐山瀑布》）

师：我们掌声送给这位才子，一听就是器宇不凡，好，再来一位。

生：（女生有感情地朗诵《望庐山瀑布》）

师：我觉得你读得很有理性的色彩，是不是一边读一边在想，如果我是李白几时能够得偿所愿呢？虽然你的感情不像别人表现得那么充沛，但是我相信你是一个有思想的孩子。我们说，此山此景让李白充满了斗志，充满了理想和抱负，但是还有一座山，跟庐山相比，却让李白更加不能释怀，甚至愿意用一生去守候。这究竟是一座什么山呢？其中又隐含着哪些神秘的故事呢？欲知后事如何，且听下回分解。

第五节 敬亭山上诗仙的牵挂

——《独坐敬亭山》课堂实录

导读

在李白一生游历的山水中，敬亭山是他最钟爱的一座山。是什么原因让李白对它「相看两不厌」，情愿「独坐敬亭山」？在敬亭山上究竟留下了李白怎样刻骨铭心的记忆？一位是李白的超级偶像，一位是李白的红颜知己，让我们跟随苏老师独一无二的诗词课堂，探究这首短短二十字的五言诗背后的故事，走进李白生命中两位举足轻重的神秘人物，揭开《独坐敬亭山》的神秘面纱。

师： 上节课我们提到，庐山让李白充满了斗志，充满了抱负，但是还有一座山跟庐山相比，让李白更加难以释怀，这也是我们今天要讲的最后一首诗了，也是最后一座山了，讲完这座山，苏老师就要和同学们说再见了。还想听吗？

生：（非常期待、兴奋）想！

师： 好的，那我们继续。这座山对李白来说意义非凡，因为这座山他情愿用一生的时间去静静地守候，他情愿坐在这座山的面前不言不语，用心去跟这座山对话，这座山是？一起说。

生：（出现不同的答案）

师：静静地、静静地坐在那里，面对它。看来大家意见还不统一啊，来，你说。

生：庐山。

师：不是庐山，庐山已经讲过了。

生：敬亭山。

师：非常好！就是这座敬亭山，他希望一个人静静地，静静地守护这座山。好的，我们一起来读读看，学过吗？

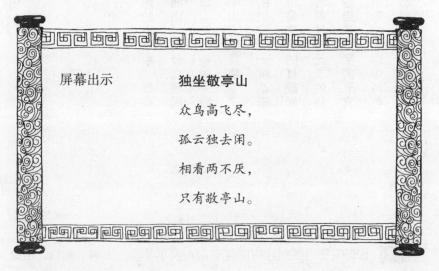

屏幕出示

独坐敬亭山

众鸟高飞尽，

孤云独去闲。

相看两不厌，

只有敬亭山。

生：学过。

师：真高兴啊，今天的诗大家都学过。好的，"独坐敬亭山"，开始。

生：（全体诵读《独坐敬亭山》）

师：好的，第一个问题，李白为什么要独坐敬亭山呢？因为它的风景吗？

生：（摇头）

师：看来同学们非常茫然。你好像欲言又止，你来说。

生：应该是"安史之乱"以后，他被朝廷通缉的时候，他那时非常孤独，所以他就自己守护敬亭山。

师：那他为什么不独坐天门山，不独坐庐山，偏独坐敬亭山？

生：或许是因为敬亭山上有他值得纪念的东西。

师：你说得太对了，是啊，一定是有值得他纪念的东西，他才来独坐敬亭山，那么究竟是谁让他如此的牵肠挂肚，是谁让他对敬亭山念念不忘呢？史料中有两个人物，这两个人物既和敬亭山有关，又和李白有关。我们先来看第一位——谢脁（板书），谢脁是何许人也呢？

生：（摇头）

师：看来大家都不了解。谢脁是南朝时期的一位大诗人，这个诗人曾经做过安徽宣城的太守。今天我们跟安徽宣城很有缘分，桃花潭在安徽的宣城，敬亭山也在安徽的宣城，这位谢脁谢大人因为任过安徽宣城的太守，所以史称谢宣城。

这个谢宣城非常有才华，也对敬亭山情有独钟。据史料记载，他多次登临敬亭山，而且一上山就诗兴大发，写了很多和敬亭山有关的诗，于是敬亭山有了一个非常风雅的山名，叫做"诗山"。李白对谢脁是非常敬仰和崇拜的，我们甚至可以说，他是谢脁的"忠实粉丝"，有诗为证。李白是这样来表达对谢脁的情谊的："**谁念北楼上，临风怀谢公。**"（板书）怀念的是谁呢？怀念的就是谢脁。

在古代，表示对人的尊重往往要在后面加一个"公"，所以，李白称谢脁为"谢公"，可见其敬重之心。李白还有一首诗，其中有千古名句："**蓬莱文章建安骨，中间小谢又清发。**"（板书）什么意思呢？

"蓬莱文章"和"建安风骨"，是中国文学史上两种非常重要的文风，除此之外还有一位诗人有立足之地，也就是诗中所说的这个小谢，他就是谢朓。

可能同学们会说，李白不是很崇敬谢朓吗？前边那首诗还尊称谢公呢，这怎么一转眼就变成了"小谢"了？我们说，其实这里的"小谢"是为了区别另外的一位叫**谢灵运**（板书）的诗人。谢灵运是魏晋时期的一位诗人，是山水诗的鼻祖，他是第一个大量写山水诗的人。因为他生活的时期在谢朓之前，所以李白为了区别二人，便用"小谢"来称呼谢朓，言外之意，这"大谢"就是指谢灵运了。

所以可以看出，在李白眼中，谢朓是多么的了不起。而另外一句诗，更表达了李白对谢朓的无限崇敬，他说**"一生低首谢宣城"**（板书）。李白是什么样的人？绝世才子，目空一切，狂傲不羁，用**杜甫**（板书）的话说就是**"天子呼来不上船，自称臣是酒中仙"**（板书）。什么意思呢？就是皇帝老子来叫我上船，我都要犹豫几分，因为我喝醉了，我是酒中的神仙。

就是这么一个恃才傲物的诗人，中国历史上伟大的浪漫主义诗人，却对谢朓如此的崇敬，说自己甘愿一辈子在谢朓的面前低着脑袋，满怀敬意，聆听教诲，"一生低首谢宣城"。

除此之外，李白还写过许多怀念谢朓的句子，例如："谢亭离别处，风景每生愁"、"青山日将暝，寂寞谢公宅"、"解道澄江静如练，令人长忆谢玄晖"。

正是因为这个缘故，他对敬亭山有着非常深厚的情谊，所以才说"相看两不厌，只有敬亭山"，因为这里有谢宣城的存在，敬亭山也成为他寄托情感的地方。

李白之所以独坐敬亭山，除了谢朓之外，还有第二位，也是民间大家更加认同的一位，她是李白依恋敬亭山的重要原因，这位就是传说中李白的红颜知己**玉真公主**（板书）。终于出现了一位女性，看到了大家一脸兴奋的样子。一听是公主，大家都知道是金枝玉叶，那么事实上，玉真公主还真就是一位名副其实的金枝玉叶。她是当朝皇帝唐玄宗的亲妹妹，是才华横溢的一位公主。

但是玉真公主的命运不好，她的生母被她的祖母武则天给害死了。我们知道武则天是一代女皇，非常有政治才华，但是也非常心狠手辣。玉真公主是由她的姑姑太平公主抚养长大的，所以从小就受到父皇和姑姑的影响，在豆蔻年华，也就是十三四岁的时候就进入了道观，做了一名道姑。玉真公主非常有才华，而且善于结交朋友，于是机缘巧合，她结交到了一位和她一样非常有才华的道友，是谁呢？

对，是李白。我们说了，李白一辈子从事各种行业，道士也是其中的一行，他做过道士。玉真公主与李白一见如故，非常欣赏他的才干，便把李白推荐给了自己的哥哥唐玄宗，使李白得以成为中国历史上少有的进到大殿之上为皇帝作诗之人。

受到公主引荐的时候，李白表现得极其骄傲，气度不凡，有诗为证。他说："**仰天大笑出门去，我辈岂是蓬蒿人。**"（板书）一听说圣旨来了，被召入宫，做御用文人，开心呀！看看，刚接到派令的时候多么高兴，一打开门我李白朝着天是哈哈大笑，我就说了，我不可能这么一辈子碌碌无为。"蓬蒿"的意思是草芥、草民，我这个人不可能做一辈子的草民，默默无闻，所以说这是我李白命中注定的，也是意料之中的事情，可见李白是多么自信和得意。

而刚进宫时，李白的待遇也的确令人羡慕，因为皇帝竟然为了他"下辇步迎"。"辇"就是皇帝坐的车子，皇帝竟然为了一个诗人走下车子，亲自迎接，可见对李白的重视程度。但是好景不长，李白因为生性狂傲，得罪了权贵，在小人的谗言之下，李白被逐出宫门。逐出的时候唐玄宗还顾及了一下他的妹妹玉真公主的面子，给了个很好听的方式叫**"赐金放还"**（板书），给点钱，给点金子，说你走吧，以后就不要再回来了。玉真公主听说这个事情以后非常伤感，愤然上书，要求去掉公主的名号，来力挺李白，有史为证。但玄宗皇帝置之不理。

于是，李白就从"我辈岂是蓬蒿人"的得意，从"下辇步迎"的荣耀变成被赐金放还的无奈，他此时的心情如何？引用唐代诗人杜牧的一句诗就是：**"落魄江湖载酒行"**（板书）。李白我是非常落魄，只能浪迹江湖，靠一壶浊酒伴我终老于岁月。李白还说，**"我本不弃世，世人自弃我"**（板书）。从此以后，李白就去浪迹天涯了。

但是他却不知道，他的红颜知己玉真公主却为了寻找他，不辞辛苦，踏遍了千山万水。当时不像现在，留个Email，打个电话或上个网做个人肉搜索，就能轻易找到要找的人。那时要找一个人，无异于大海捞针。玉真公主找了李白很久都没有找到，而她的身体也越来越差，于是决定守候在他们曾经谈诗论道的地方——敬亭山，在这里苦苦地等候李白的归来。她幻想李白有一天会记得，有一个公主曾经在敬亭山为他守候过，在这里跟他谈诗论画，谈艺术，谈人生。

于是这一等，竟等了整整七年。

后来，玉真公主抱病而终，至死也没有看到李白。在她守候的日子里，每天都在流泪，她的泪水在她死后化作一眼清泉，今天在敬亭山还有这个景点，叫"珍珠泉"。而她的坟墓也在敬亭山上，叫"皇姑坟"。就在公主守候的日子里，李白也经历着人生的大起大落。

我们之前也提到过，在永王李璘的叛乱中，李白一路逃亡，后来在被流放的过程中遭遇了大赦。什么是大赦，就是说像皇帝的妈妈过生日之类的好事情，皇帝心情大好，于是大赦天下。李白本是被流放到了贵州一个偏远的地方，今天来看这个地方还是蛮有名的，叫做夜郎。我们都知道有个成语叫做"夜郎自大"，对吗？但事实是，夜郎在当时是个非常偏远荒凉的地方。李白遇到大赦后所幸还没走到夜郎，于是他立刻折返，仿佛冥冥中听到了公主的召唤，辗转回到了安徽的宣城，来到了敬亭山。而此时，公主早已香消玉殒。

当他听说玉真公主在此守候了他七年之久，他非常非常伤感，于是在敬亭山下写下了这首千古绝唱《独坐敬亭山》。我们来简单看一下，"众鸟高飞尽，孤云独去闲"，品味一下这两句诗，就不难发现，这两句貌似写景，实则喻人。所有的达官贵人都是众鸟高飞啊，他们都飞走了，我的朋友都离开了我，连天边的一抹浮云也离开了我。而此时"相看两不厌，只有敬亭山"，遥想当年只有玉真公主和敬亭山知我的心思，所以说看着这座山，李白是感慨万千。

写下了这首诗的同时，李白还写了一首悼念玉真公主的诗，题目就非常让人心碎，叫做《长相思》。里面有这样的几句话，说：**"美人如花隔云端……天长地远魂飞苦。"**（板书）玉真公主就这样离开了，为了找我，公主是历尽了千辛万苦，撒手人寰，最后两句是**"长相思，摧心肝"**（板书），读到这句是不是特别伤感？所以说相离不弃是公主，相望不厌是敬亭。

最后年迈的李白就守候在敬亭山的脚下，日复一日，年复一年，看着敬亭山，想着自己的红颜知己，时间就这样一天一天地过去。

直到有一天，李白在敬亭山的脚下的水阳江畔乘了一只小船，顺流而下，在无边的黑夜里，他喝着一壶浊酒，感慨着自己的一生和敬亭山上这些非常难忘的往事，禁不住潸然泪下。在混混沌沌之中，他忽然间看到了水中的一轮明月，于是李白便想到曾经和玉真公主赏月论诗的日子，情不自禁地伸出手来去抱这轮明月，结果一不小心，掉入江中，溺水身亡。后来李白的尸体一直漂流到了水阳江的下游采石江边，才被人发现，所以今天李白的墓碑依然在采石江边。

后世的许多文人来到采石江边，都要写诗来纪念李白，很快李白的墓碑上写得是密密麻麻，直到有一天，一位诗人实在看不下去了，也提笔来了这么一首，他说："**采石江边一抔土，李白诗名耀千古。来的去的写两行，鲁班门前掉大斧。**"（板书）大家都笑了，看来都听明白了。这虽然是首打油诗，但诗人说得不无道理。不管你再有才华，在诗仙李白的面前你不过是个"班门弄斧"之人。

好了，伴随着这首《独坐敬亭山》，我们的"耳朵旅行"就要告一段落了。苏老师只是想告诉同学们，虽然诗词是不容易学的，但是学诗词是很快乐的。所以，我也希望同学们能把老师今天课堂上传递给你们的内容和方法，变成你们自己的财富，将来自己去研读诗词。同时也布置一个作业，把今天课堂上的故事和诗词牢牢地记住，回去和你们的爸爸妈妈还有亲朋好友们热情分享十分钟，相信他们一定会为你们的成长而感到惊讶的。好的，再次谢谢可爱的孩子们！谢谢你们！下课！

生：老师辛苦了！

师：孩子们辛苦了！

导读

李绅的《悯农（锄禾）》可谓家喻户晓，而对诗人李绅的了解，多数人却知之甚少。那么李绅是在什么情况下写下了《悯农》诗？这首诗的背后又隐藏着李绅哪些鲜为人知的经历？除了大家熟知的两首《悯农》诗，你知道李绅还有第三首对后世影响深远的《悯农》诗吗？这些《悯农》诗背后悬念迭起的故事，以及由此引申出的一系列关心劳动人民疾苦的感怀诗，都让我们在苏老师的课堂上一探究竟。

师：同学们，准备好了吗？

生：准备好了！

师：好，一看就是一群与众不同的孩子，器宇轩昂！那现在我们上课！

生：起立，老师好！

师：同学们好，请坐！知道我们今天是来干什么的吗？

生：来上课！

生：来学习诗词的。

师："来学习诗词的"，说得真好！那今天我们要学习什么样的诗词呢？今天这堂课非常非常特殊，我们学习的诗词都是我们曾经接触过的诗词。大家一定很奇怪吧，都学过了为什么我们还要重新学啊？原因很简单，今天告诉大家的是诗词背后的故事！好，现在我们先来看今天的第一首古诗。这一首诗是写古代劳动人民在炎炎夏日辛勤劳作的诗歌，同学们猜猜是哪一首？

生：我知道，是《锄禾》。

师：对，真聪明！这就是我们今天学习的第一首诗歌《锄禾》，那它的作者是谁？

生：李绅。

师：对。那第一个问题出来了，既然都学过李绅的诗，那你对李绅究竟了解多少呢？知道的请举手。

生：（没有一个举手）

师：呵呵，全军覆没。这就对了，今天我就是要讲些你们不知道的故事。那么下面让我 们了解一下李绅。李绅是唐朝的诗人，这个人非常聪明，小小年纪就表现出了惊人的才华。在他二十多岁的时候就考取了一个功名成为进士，你们知道什么是进士吗？

生：不知道。

师：进士是古代科举考试的一个科目，非常难考，录取率只有百分之一二。在古代把五十岁之内考取进士的人都称为"少进士"，也就是说五十岁能考中进士，那就是非常年轻的进士了。而如果三十岁考中了明经——明经也是古代科考的一个重要科目，但是相对容易考很多——那就算是老明经啦。所以民间说："五十少进士，三十老明经。"

李绅是非常厉害的，二十几岁就考中了进士。可以说他是官运亨通，一直备受朝廷器重。那这就有一个问题了，一个春风得意，锦衣玉食的进士，在什么情况下会写出《悯农》诗呢？这就有故事要讲了。

话说一个夏天，烈日炎炎，李绅回到了故乡**亳州**（板书），听说过亳州吗？知道这个字怎么写吗？这个字很好玩，很多人不认识它，这个字念"bó"，与"毫米"的"毫"只差一横。亳州在今天安徽省境内。李绅回到故乡亳州，荣归故里。结果特别巧的是他遇到了自己的哥们，一个好朋友，叫什么呢？也是他老李家的，姓李，跟他没有血缘关系，是同乡，这个名字也好，叫李逢吉。怎么记住这个名字呢？你告诉我一个成语吧。

生：逢凶化吉。

师：对，真棒！李逢吉与李绅非常有缘，同年考取的进士。相当于同学。李逢吉在故乡遇到李绅，两个人自然要聊一聊，交一交心。于是两人约好一起登台旅游。两人兴致勃勃地来到了故乡最高的城台——观稼台上，极目远眺，周围故乡的美景一览无余。望着这大好河山，李逢吉诗兴大发，现场做了一首诗——大家可以记笔记了——其中有两句是这样说的：**"何得千里朝野路，累年迁任如登台。"**（板书）

李逢吉的这两句诗我先不解释，你来猜一猜，李逢吉的这两句诗想表达他什么样的想法。先看看这两句诗有没有不懂的词，你现在可以问我，然后我们再研究他想表达的意思。好，你来说。

生："迁任"是什么意思？

师："迁任"就是升官的意思，步步高升，不断变换官职，官职越来越高。还有谁有不懂的地方？

生："朝野"是什么意思？

师：很好，"朝野"分别指指朝廷与民间，"朝野路"在这里指仕途，即在朝廷里做官的道路。

生：老师，我想就是他想升官。

师：哎，对，想升官，那他想不想快快地升官啊？

生：想快快地升官，想升得越来越快。

师：像什么一样升得越来越快？

生：像登台一样一步就登上去了。

师：太棒了！你看老师都不用解释啦。李逢吉，这个名字起得很好，逢凶化吉啊，他就是个官迷，他说，什么时候我当官的路能够顺顺利利，一年一个台阶，就像登这高台一样顺利。望着眼前的情境，望着大好的河山，李逢吉想到的是四个字——升官发财。那么，跟他同样站在高台上的李绅也是个进士，看着眼前的一切，此时的李绅，他想到的是什么呢？

他也诗兴大发，但随口吟诵出的却是这样的诗句：

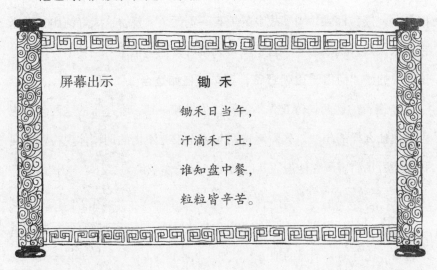

屏幕出示　　　　　　**锄　禾**

锄禾日当午，

汗滴禾下土，

谁知盘中餐，

粒粒皆辛苦。

师：同样在高台之上，他关注的不是江山美景，也不是功名利禄，而是赤日炎炎下那些辛苦劳作的农民。李逢吉听到这首诗，就有点脸红了。他说："哎呀，兄台果然厉害，竟然能想到这一粥一饭来之不易，小弟佩服佩服。"听完了李逢吉这一番赞美以后，李绅不动声色，低头又吟出了另外一首诗。

（屏幕出示第二首《悯农》："春种一粒粟，秋收万颗子。四海无闲田，农夫犹饿死。"）

师: 这首诗一吟完，李逢吉听了心里就"咯噔"震了一下，因为他一心想要升官发财，感觉这首诗与上一首诗相比不太一样，哪里不太一样呢？最后两句：四海无闲田，农夫犹饿死。这一句跟前面的诗相比，明显是在说这些当官的不作为，有那么好的收成，还把农民给活活地饿死。很显然，第二首诗让李逢吉听出了这么一层含义。他转动脑筋一想，倘若我把这首诗上报朝廷，告李绅有污蔑朝廷官员，企图谋反之意，那我岂不是有功，可以步步高升了吗？

所以，他就开始打起自己的如意小算盘，不动声色地说："李绅兄啊，这两首诗真是极品之作，您何不当场挥毫泼墨，把这首诗送给小弟我呢？"李绅的心思非常单纯，于是就说："逢吉兄真是取笑我了，你看这区区两首诗，不过区区几十字，凭您的聪慧，我吟诵一遍您肯定就记住了，哪里再好意思写下来相送。"李逢吉一听，感到很失落，心想，没了证据，我可怎么去告发你啊？没想到李绅是个实在人，看到李逢吉面露失望之色，接着说："承蒙您看得起我，我现在又有想法，如不嫌弃，我马上再写一首诗送给您。"李逢吉一听非常高兴，连声说好，立马准备好纸墨，于是，中国历史上鲜为人知的李绅的第三首《悯农》诗诞生了。你们知道这第三首《悯农》诗吗？

生: 不知道。

师: 想知道吗？

生:（非常兴奋）想！

师: 好，那让我们来看一下到底他送了一首什么样的《悯农》诗呢？这首诗好长啊。让我们看一下。

（屏幕出示第三首《悯农》："陇上扶犁儿，手种腹长饥。窗下织梭女，手织身无衣。我愿燕赵姝，化为嫫母姿。一笑不值钱，自然家国肥。"）

师: 我想大家都没有听过，不如把他的千古名句抄下来，不用全抄。这里的名句就是**"我愿燕赵姝，化为嫫母姿。一笑不值钱，自然家国肥。"**（板书）一边记，我们一边来解释一下。其实前四句很容易理解，我们看一看。"陇上扶犁儿，手种腹长饥"，是说种田的人虽然在种田但却很饿肚子里空空的，饥肠辘辘。这是男子。那么同样我们再看女子，女子在干什么啊？"窗下织梭女"，"织梭"是在干什么啊？

生: 织布。

师: 对，织布。但是织布的女子怎么啦？

生: 没有衣服穿。

师: 对，没有衣服穿。同学们说得真好。种地的没有粮食吃，织布的没有衣服穿。于是，李绅就说："我愿燕赵姝，化为嫫母姿。"这一句非常有深意，首先，我们先来看一个字，你看燕赵后面的这个"姝"字是什么偏旁？

生: 女子旁。

师: 那你猜一猜是什么意思？燕赵都是地名，那"姝"指的是什么意思呢？在汉字里边与"女"字有关的都表示一个意思，比如说"嫦娥"，还有武则天入宫时有个名字叫"媚娘"，都是女字旁，你们猜猜是什么意思？好，你说。

生: 一个人的名字。

师: 不对。

生：我猜是一些皇帝的后宫娘娘。

师：后宫娘娘？也不是，但是有点接近了。因为娘娘们通常都有一个共同的特征。

生：应该是燕地和赵地的人吧？燕地和赵地的女人吧？

师：燕地和赵地的女人，是一般的女人吗？"姝"特别指的是什么样的女人？

生：有身份的人。

生：是燕地和赵地的人的母亲。

师：呵呵，越说越远啦，我来告诉大家吧，这里的"姝"是指美丽的女子。作者是说，我希望燕地和赵地美丽的女子——因为燕地和赵地是出美女的地方——都变成嫫母的身姿或样子。那么嫫母又是谁呢？

生：（摇头）

师：嫫母非常特别，她是一个长得很丑陋的女人，但是她有一个非常特殊的身份，她是我们的始祖黄帝的妃子。知道黄帝吗？

生：知道，我们都是炎黄子孙。黄就是皇帝，炎就是炎帝。

师：嗯，你懂得真多。嫫母虽然长相很丑陋，但是很善良，很贤惠。作为黄帝的妃子，她全心全意帮助黄帝把国家治理得井井有条。所以这里，作者想表达的是：我希望那些燕国和赵国漂亮的女子，都变成像嫫母那样相貌丑陋却贤良淑惠的女子。因为这样，就可以"一笑不值钱，自然国家肥"了。在古时候有一个故事很有名，叫"烽火戏诸侯"，听过吗？

生：听过。

师：周幽王为了博得自己的美女爱妃褒姒一笑，然后就烽火戏诸侯。在这里，作者是想借"红颜祸水"、"一笑千金"的典故，来提醒统治者们不能贪恋美色以至于挥霍无度，鱼肉百姓而耽误了国家大事。所以，如果所有的燕地赵地的美女能够变成像嫫母那样贤良淑德的丑女人，"一笑不值钱"，那么再也不会引起别人的贪恋之心，所以国家自然就强大了，老百姓自然就过上好日子了。

第三首《悯农》诗一写出来，李逢吉立马就心花怒放了，这下可好啦，不仅说到了政府不作为，还说到了皇帝贪恋美色。这样的诗拿出来给皇帝看，李绅不是要造反还能是什么呢？所以李逢吉立刻就兴冲冲地揣着诗跑到皇帝那里告状去了。

所幸的是，当时执政的皇帝是唐朝的武宗皇帝，他是个非常英明的君主，听了李逢吉的话之后，并没有立即做判断，而是把李绅招进宫里，指着这首诗问道："李爱卿，这是怎么回事啊？"李绅非常老实单纯，就如实说道："微臣与朋友去登台，看到眼前的景色之后，非常感慨老百姓过的苦日子，于是就写了诗来表达自己内心的感受。"武宗皇帝一听非常感慨，于是说："朕常居高位不能体察民情，你能在高台之上看到民生的疾苦，能用这样的方式来提醒朕，朕觉得你真是一个难得的人才啊。"结果这首诗不仅没有让李绅丢官，反而官升到尚书右仆射，相当于一品大员。

皇上在给他升官之后还非常巧妙地说了一句："这首诗怎么会到朕的手上呢？是你的好朋友李逢吉给朕的。"说到这里，皇帝没有继续往下说。这事皇帝没有跟李绅明说，他其实是在提醒李绅，李逢吉是个什么人呢？是个小人啊，交友需慎重。但是李绅却偏偏是个纯情少年，他想，原来是李逢吉一番好意到皇上面前举荐我的这首诗，使我得到重用。于是，他便跑去感谢李逢吉。

李逢吉见到李绅来，心里就像揣了只兔子，七上八下的。但是李绅却一个劲地向李逢吉道谢，李逢吉只好哼哼哈哈应付了事，之后便心惊胆颤地过了一年的日子。

果然不出所料，皇帝随便找了个理由，便把李逢吉给贬官了。李逢吉之前的官位是什么呢？是浙东的节度使，我们知道浙江自古是鱼米之乡，繁华之地。那么李逢吉这一贬被贬到哪里去了呢？被贬到云南去了，成了云南的观察使。云南可是偏远之地，而官职也是一落千丈，李逢吉这次可没有逢凶化吉了，他是赔了夫人又折兵。

李绅的第三首《悯农》诗让我们更加认识到他高贵的人格，那么你们一定会问："苏老师，为什么三首《悯农》诗我们只知道两首呢？为什么第三首从来没有人告诉过我们呢？"这很正常，因为史料中记载，这第三首诗进了宫廷之后，就被皇帝奉为至宝，日日来看，不断地提醒自己做一个明君，后来这个版本就只在宫中抄阅，很难流传到民间去，甚至我们说直到了近现代，这首诗才在一个神秘的地方被发现，你们知道这个神秘的地方在哪吗？

生：不知道。

师：是在敦煌的莫高窟。

生：（惊叹）

师：是不是够神秘啊！我们说在莫高窟中的唐人诗卷上，终于发现了这第三首《悯农》诗，所以这首诗才被世人所了解。刚才我们说，这首诗的诗人是对劳动人民有深切同情的。说到这呢，我们就要沿着这个线索顺势给大家讲一讲。虽然这第三首诗我们刚刚知道，但是在唐代，这第三首《悯农》诗却是被许多人效仿的。

其中与李绅同一时期的还有一个诗人，恐怕你不太了解，他的名字叫聂夷中，这个诗人写了一首《悯农》诗的姐妹篇，跟李绅这首诗写得非常像，让我们看一下。这首诗的题目叫《伤田家》，"伤"就是悲伤，如果作动词，就是"为……而悲伤"的意思。在这里，就是"我为田家悲伤"的意思，"悯农"就是怜悯农民，题目是不是很像啊。再看一下聂夷中的这首诗，他写得也很好。

（屏幕出示《伤田家》："二月卖新丝，五月粜新谷。医得眼前疮，剜却心头肉。我愿君王心，化作光明烛。不照绮罗筵，只照逃亡屋。"）

师：有没有发现它与第三首《悯农》诗哪里特别像？

生："我愿君王心，化作光明烛，不照绮罗颜，只照逃亡屋"和前一首的"我愿燕赵姝，化为嫫母姿。一笑不值钱，自然国家肥"结构和意思都是一样的。

师：现在知道老师为什么让你们记下这四句了吧，因为这四句成为后人写诗模仿的对象。首先让我们看一下前两句。"二月卖新丝，五月粜新谷。"粜，读音为"tiào"，卖的意思。如果你是有一点农业知识的孩子，应该知道，二月份对于养蚕的人来说是干什么的时候啊？

生：卖丝的时候。

师：卖丝的时候？不是的，其实是刚刚开始养蚕宝宝的时候，这个新丝刚刚出来，还未来得及处理就要忍痛把它贱卖掉。相当于好不容易家里生了个小羊羔，还没等长大，因为家里急着用钱，不得已就把它卖掉了。

那么"五月粜新谷"，五月正好是秧苗长得苗壮的时候，但是新的谷子还没来得及留足自家用的，也把它贱卖出去了，因为实在是缺钱。可是就这样做，农民的日子就好过了么？接下来的两句说"医得眼前疮，剜却心头肉"，其实这是一个比喻。你能明白其中的意思么？这位同学有话要说，来，你来说这两句你发现了什么？

生：就是解决了眼前的困难，但心里却像挖了块肉似的，心疼极了。

师：对，你说得很对。大家想象一下，农人们好不容易一年有了一点收成，还不到卖好价钱的时候就匆忙地处理掉了。"剜却心头肉"，实际就像挖去了心里的一块肉，心疼死了。面对这样的情景，作者说"我愿君王心，化作光明烛"，这两句非常美。作者希望做君王的，能够把心化作一只光明的蜡烛，"不照绮罗筵，只照逃亡屋"。而这支蜡烛的光，不要再照绮罗筵了，而只去照逃亡屋。什么是绮罗筵？

生：大户人家。

师：对，大户人家。不要再照到大户人家的宴席，而应该照一照贫穷人家的茅屋。所以这句话，作者要向君王表达什么意思呢？

生：让他照顾一下逃亡的人们。

师：换句话说，就是照顾一下穷人对吧？所以说，这首诗也表达了和李绅同样的思想，关心劳动人民。接下来我要考考你们了，你们还知道哪一首诗也表达了对劳动人民的深切同情？

生：我不记得题目了，有一句是月儿弯弯照九州。

师："月儿弯弯照九州，几家欢喜几家愁。"是吧？好的，不错。来看看这首诗你知道吗？至少没有生僻字，我们一起来读一读吧！

（屏幕出示《蚕妇》："昨日入城市，归来泪满巾。遍身罗绮者，不是养蚕人。"）

师："昨日入城市"，开始！

生：（齐读）

师：好，那么现在有没有不懂的词呢？

鲜为人知的第三首《悯农》诗

生：老师，罗绮者是什么意思？

师：好，谢谢你的提问。这里的"罗绮者"其实和刚才"绮罗筵"的"绮罗"是一个意思。一身绫罗绸缎之人，有钱人。好，这个词搞明白了，这首诗的意思就出来了。谁能把这首诗字面的意思顺一下？

生：这个妇人去了城里面，回来后眼泪沾满了手巾，问她为什么哭，她说从头到脚一身绫罗绸缎的人，不是养蚕人。

师：非常好。这里有个问题，为什么看到穿一身绫罗绸缎的人不是养蚕人，蚕妇就开始难过，不停地流泪呢？你来说。

生：是不是因为那个桑叶呢？

师：她不是卖蚕，桑叶是给蚕宝宝吃的，因为蚕会吐出什么？

生：蚕丝。

师：对，那么蚕丝又能做成什么？

生：丝绸。

师：但是穿着丝绸的人却没有一个是养蚕人。说明了什么？

生：养蚕人自己穿不起，只能把丝卖给有钱人。

生：所以蚕妇非常悲伤，觉得自己很可怜。

师：这句诗的意思跟我们前面哪句诗一样呢？

生：窗下抛梭女，手织身无衣。

师：对了，同学们都背下这首诗了。"窗下抛梭女，手织身无衣"，"遍身罗绮者，不是养蚕人"，意思多像啊。所以我们说李绅真的厉害，你看他这首诗影响了后面多少人。农家的女子非常值得我们同情，这农家的男子也不例外。

我们再来看看堪称是中国最早期反映农民工生活的一首诗。这是一位宋代的诗人叫梅尧臣，写的这首诗叫《陶者》，就是我们所说的建筑工人。这首诗也没有不认识的字，一起来读读看。

（屏幕出示《陶者》："掏尽门前土，屋上无片瓦。十指不沾泥，鳞鳞居大厦。"）

师："掏尽门前土"，开始。

生：（齐读）

师：好，那么这首很有意思，它的前半部分和后半部分显然是鲜明的对比，写了两种人。写了哪两种人？找一个没回答过问题的同学，你来。

生：一个是写穷人，一个是写富人。

师：好，哪句是写穷人的？

生：第一句是写穷人的，第二句是写富人的。

师：怎么能看出来？

生：因为前两句说屋上无片瓦，是说一片瓦也没有，证明很穷。而第二句鳞鳞居大厦，富人他们住的地方都非常豪华。

师：你说得真好，那么有没有那个词你不懂？你来。

生：鳞鳞。

师：好，"鳞鳞"是吧？它是个形容词，是指富人居住的大厦瓦片像鱼鳞一样多。我们看这首诗，前半部分写"掏尽门前土"，是为了什么？

生：为了盖房子，打地基。

师：对，然后呢，却"屋上无片瓦"，这是怎么回事？

生：是给有钱人家盖房子，自己家还是个破破烂烂的茅草屋。

师：你说得没错。但是那些"十指不沾泥"，成天游手好闲的人，却住在高楼大厦里。所以我们说，诗人很用心，通过前后两种人生活状态的对比，表达了对劳动人民，特别是最早的中国农民工的深切同情。

直到今天还有这种现象对不对？很多人很辛苦，**我们经常看到很多农民工冒着生命危险，无论严寒酷暑都在建筑工地上忙碌**。他们盖的高楼大厦都是有钱人在住，而他们自己住的地方却简陋破烂。所以我们说，一定要做一个有爱心、善良的人。

最后，苏老师要再补充两句诗文，也表达了作者忧国忧民的情怀。这位作者不简单，是战国时期的楚国人，是中国伟大的浪漫主义诗人和爱国诗人，为了纪念他，民间还专门有一个传统节日，叫端午节，在那天，人们都会吃粽子，南方还会赛龙舟。你们猜出他是谁了么？

生：（齐答）屈原！

师：很好，大家的知识都很丰富啊！**屈原**（板书）曾经写过一篇影响非常大的文章叫**《离骚》**（板书），其中有两句非常著名，也表达了作者忧国忧民的情怀，有人知道么？

生：（摇头）

师：好的，那我们就把它记下来吧，这两句是**"长太息以掩涕兮，哀民生之多艰"**（板书）。意思就是，我长长地叹了口气，擦去满脸的泪水。这里注意，在古汉语里，"涕"往往是眼泪的意思而不是鼻涕。这里的"太息"就是叹息的意思。下一句，同学们应该自己能解释，"哀民生之多艰"是什么意思？

生：我觉得是哀叹人民的生活是多么艰难！

师：你说得非常好！屈原曾是楚国贵族，是个士大夫，过着荣华富贵的生活。在他遭小人陷害被流放之后，生活水平一落千丈，使他对劳动人民有了深入接触，深深地感受到人民的痛苦处境。但是自己已经是流放之身，心有余而力不足，已经是爱莫能助，所以看到人民苦难，只能叹息流泪。

于是，屈原就在《离骚》里写下这样忧国忧民的句子，恨自己不能为国效力，空有满腔热情而无法报效祖国。但他又不放弃梦想，所以在《离骚》中还有两句千古名句，希望大家能够记住："**路漫漫其修远兮，吾将上下而求索。**"（板书）这两句不难理解，就是长路漫漫，诗人还将克服困难，上下求索，勇往直前。不知不觉，时间过去了，以前我们一堂课学一首诗，现在我们一堂课却学了这么多首诗了，真是不可思议。学诗容不容易？

　　生：（非常兴奋）容易！

　　师：好不好玩儿？

　　生：（非常兴奋）好玩儿！

　　师：所以，我们要很快乐地学古诗，因为古诗是古人送给我们最珍贵最有趣的礼物。其实，我们今天才只讲了一个开头，关心劳动人民疾苦的诗人大有人在，故事也神秘而精彩。欲知后事如何，且听下回分解。

鲜为人知的第三首《悯农》诗

导读

一首看似简单的《江上渔者》，其实大有学问。它不仅融入了作者对劳动人民的深切同情，还运用了不易察觉的巧妙创作手法。同时，要学好这首诗，必然要对作者范仲淹有所了解，而他写的另一首渔者题材的诗作，更是大有深意，两首诗交相辉映，并由此引申出一位泛舟烟波的世外高人。这究竟是怎么一回事？且听苏老师的精彩讲述。

师：上节课我们从《悯农》说起，一起学习了和它相关的许多首古诗。这些诗都有一个共同的特点，就是表达了诗人对劳动人民的深切同情，可见这些诗人都有一颗高尚慈悲的心灵。今天我们要继续学习一首诗，应该也是你们之前学过，但没有学透彻的一首。我来做提示，你想到了，就马上举手。

这个诗人是一个宋代的诗人，对大家来说，他的名字不是特别熟悉，但是他写的这首诗，我们却非常熟悉，因为这首诗也表达了对劳动人民的同情，而且关注的是劳动人民中捕鱼的群体。确切点儿说，是在江上捕鱼的渔民群体。而且这首诗，也和前面的《陶者》诗一样，前后形成了鲜明的对比。已经有同学迫不及待地举手了，你来说。

生：老师我只记得最后一句。

师：题目是什么还记得吗？

生：题目不记得了，最后一句是"一人独钓一江秋"。

师：不是这一首，这首诗写得那么逍遥，可不是捕鱼群体的心情。再好好想想。谁知道这首诗，我们应该学过的吧？我们马上就要上六年级了呀。

生：（摇头。只有一人举手）

生：这首诗的名字叫做《江上渔者》，作者是范仲淹，最后一句是"君看一叶舟，出没风波里"。

师：非常好，如果不是你这个"及时雨"，这个问题就让大家全军覆没了。现在大家告诉我，这首诗学过没有？

生：（有些难为情）学过。

师：学过大家怎么能忘得这么彻底呢？没关系，今天我们再来好好研究一下，就再也不会忘记了。

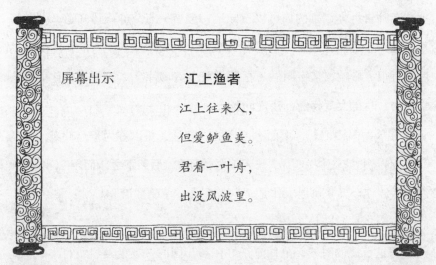

屏幕出示　　　　　**江上渔者**

江上往来人，

但爱鲈鱼美。

君看一叶舟，

出没风波里。

师： "江上往来人"，开始。

生：（齐读）

师： 读得不错。既然这首诗我们之前是学过的，那么第一个问题，你对作者范仲淹了解多少？

生： 我知道范仲淹小的时候非常穷，生活非常艰苦，但他对生活充满信心。

师： 你说得真好啊，只是你这句话可以适用于我们知道的几十个诗人，家里很穷，然后很努力，对生活充满信心。我特别想知道，你了解范仲淹独特的一点么？换句话说，一听就知道是范仲淹，而不是很多人都有的特点。

生： 老师，他小时候是不是写过一首很出名的诗？

师： 小时候写过一首很出名的诗？这个苏老师还真不清楚。

生： 然后他爸爸拿着这首诗到处炫耀。

师： 呵呵，我明白了，你说的是《伤仲永》这篇文章里提到的仲永，不是仲淹，他们俩没有什么联系。当然你知道仲永也不错。好的，那么现在老师告诉你，别的你可以不知道，但有一点，你应该知道，范仲淹不仅是一个诗人，还是一个著名的政治家，文学家。他写的一篇文章对后世有很大影响，名字叫做《岳阳楼记》（板书），到了初中你们就会学到的，写得大气磅礴，荡气回肠。

在《岳阳楼记》，里面有这样的一句话，可以称为是范仲淹人格的写照，你要把它记住，叫做**"先天下之忧而忧，后天下之乐而乐"**（板书）。这句话放在今天，可以看作是"吃苦在前，享受在后"。

写这首诗的时候，范仲淹正好在参与国内一场轰轰烈烈的改革。此时的范仲淹也是奉命到民间去体察民情，他来到浩淼的长江边，发现江岸上有这样一番情景——"江上往来人"，江岸上的行人来来往往，那些穿着绫罗绸缎的人格外悠闲自在。走累了，就三三两两地坐下来，找个临江的小酒馆，然后要点一道名菜，什么菜呢？

就是这鲜美的鲈鱼。他们什么都不要，"但爱鲈鱼美"，只爱这鲜美的鲈鱼。所以，诗的前两句，给我们营造一种什么样的感觉啊？

生：非常舒服，自在。

生：很奢侈。

师：太闲适了，对吧？看看这些有钱人家的老爷少爷和夫人小姐们，顺着江边聊聊天，观观景，然后闲来无事到江边找个小楼一坐，点壶小酒，再点上一盘刚从江上打来的鲜美无比的鲈鱼，真是生活快乐似神仙啊！

这里的范仲淹，也是往来人中的一个，或许也一样走累了，坐下来，点一盘鲜美的鲈鱼，才得以看到悠闲的富人和食客的样子。但是范仲淹和别人不一样的是，他并没有就此打住，沉迷于鲈鱼的美味，而是把视野放到了更辽远的江面，他看到了江面和江岸上完全不同的情景——"君看一叶舟，出没风波里"。和江岸上来来往往悠闲的行人以及酒馆里吃着鲈鱼聊天的食客相比，江面惊涛骇浪，九死一生的情景形成了鲜明的对比。

我们说这首诗和之前讲过的几首诗，有异曲同工之妙。前两句和后两句写的是完全不同的两种人生。前者悠哉闲适，后者险象环生。那么怎么能看出险恶来？

生："君看一叶舟"。江上波涛汹涌，可是打鱼的小船却孤孤单单，随时都有可能被浪头打翻。

生："出没风波里"。小舟一会看得见，一会看不见，让人觉得心惊胆战。

师：是啊，别看后面这两句只有区区十个字，却是字字千金，和前面的两句形成鲜明对比。我们先看"出没"和"风波"这两个词，对应了前面的"江上"。

前面的"江上"实际指的是江岸，岸上非常热闹，但人们的心是平静的，因为在平地上，非常安全和自在。而"出没风波里"则让我们感觉到江面上波涛翻滚，惊涛骇浪，打鱼的小舟一会看得见，一会看不见，令人心惊肉跳。而"一叶舟"恰恰又对应了"往来人"。你看，岸上是熙熙攘攘的行人，而江面上则是孤零零的一叶舟，汪洋中的一条船；岸上是品尝着鲈鱼的闲适人、富人，而江面上则是以命去挣生活的穷苦渔人。他们千辛万苦打上来的鲈鱼只是富人眼中的一道小菜而已。

这是多么不公平的人生啊！我们再看这一句"君看一叶舟"中的"君"字，你认为这里的"君"指的是谁？范仲淹这句话是说给谁听的？

生：说给富人听的。

生：说给当官的听的。

生：我认为是说给皇上听的，因为刚才老师说过，范仲淹是奉命来体察民情的。

师：大家说得都有道理。这句话是说给富人听的，说给那些往来人听的，也是说给统治者听的，希望皇上和为官者能够体恤民情。其实在第一句"江上往来人"后，作者更想表达的是"不知渔者苦"。

所以他奉劝那些"往来人"们，不要光在那埋头赏景，埋头吃鱼了，你们看看风波里汪洋中的一条小船，"谁知盘中鱼，条条皆辛苦"。——你有话要说？请讲。

生：老师我想问一问，为什么说是"一叶舟"而不说是"一条舟"呢？

师： 这个问题问得真好，谁来替他解答？这么多同学都要帮你。谁没回答过问题？

生： "一叶舟"的"叶"，有像树叶的意思，一片树叶非常小，说明小舟在江里就像一片叶子一样，显得非常渺小。

生： 叶子还很轻薄，漂在水面上随时会被打翻和冲走。可以显得小舟更危险。

师： 非常渺小，非常轻薄，所以给人的感觉更危险，在狂风巨浪中随时都有可能沉没。怎么样，对我们这两位同学的回答你满意吗？

生： 满意。

师： 刚才这位同学提的"一叶舟"问题，忽然让我想到了范仲淹的另一首诗，本来没想在这堂课上讲，但既然灵感来了，不妨和大家分享一下，还想听么？

生：（非常兴奋）想！

师： 写的也是渔者，确切地说，是和船夫有关，同样也是惊心动魄。这里还有一段小故事要讲。

话说范仲淹有一次携全家老小赴桐庐郡办事——桐庐郡是一个地名——结果在江面上乘船，遇到了大风，一家人吓得魂飞魄散。好在老天保佑，有惊无险。上岸以后，一连数日，范仲淹都觉得惊魂未定，睡不着觉，于是提笔写下了这首《赴桐庐郡淮上遇风三首》，其中有一首这样写道："一棹危于叶，傍观亦损神。他时在平地，无忽险中人。"（板书）我们看，这首诗和《江上渔者》的角度又不同了，这次可是身临其境。

"一棹危于叶"，棹就是船桨的意思，在大浪滔天的江面上，船夫摇着的船桨就像一片小树叶一样危险。这里的"叶"，和君看一叶舟中的"叶"表达的是一个意思。而此时，作者可是一家老小都在这一叶舟上，所以说"傍观亦损神"，就这么在旁边看着，都心惊肉跳，神经高度紧张，大气儿不敢出。

这上两句可以看作是作者的回忆，回忆当时在江面上遇险时的真实情景。而接下来的两句就是脱险后的感慨了。我们看，"他时在平地，无忽险中人"。意思就是，现在我们脱险了，脚踩在平地上，却还感觉惊魂未定，被这一次遭遇吓得魂不附体，真难以想象天天在惊涛骇浪里拿命赌博的船夫们是何其艰辛，不易啊！所以，这首诗，作者也是借自身的经历来表达对劳动人民的深切同情。有同学有问题？我发现咱们班的同学特别善于思考。

生：苏老师，我想知道桐庐郡指的是哪儿？范仲淹去那里干什么？

师：谢谢你的提问，你的问题和我们这首诗的关系不大，但是既然问到了，苏老师又刚好知道，分享一下也无妨。桐庐郡位于今天的浙江省境内，据史料记载，范仲淹与桐庐郡最直接的关系是因为一个人，他的名字叫**严子陵**（板书），是中国历史上非常著名的一位隐士。

他是汉光武帝刘秀的同学，又是知心好友，在刘秀称帝之前，他帮助刘秀出谋划策，助刘秀完成称帝大业。在条件艰苦时，他们甚至同睡一张床，可见交情之深。后来刘秀称帝，封严子陵做很大的官，但严子陵生性淡泊，辞官不受，浪迹江湖，整日垂钓于烟波之上，终老一生，留下了千古佳话。

李白曾经写过一首诗来赞美严子陵："昭昭严子陵，垂钓沧波间。**身将客星隐，心与浮云闲。**"（板书）而范仲淹同样是严子陵的"超级粉丝"，因为严子陵曾在桐庐郡隐居，所以范仲淹前去缅怀，有文为证。范仲淹在桐庐郡为严子陵写过一篇非常著名的文章，叫《桐庐郡严先生祠堂记》，其中有千古名句：**"云山苍苍，江水泱泱，先生之风，山高水长。"**（板书）可见范仲淹对严子陵的崇敬之情。

苏老师也很喜欢这四句，因为在十多年前，苏老师曾经教过一个小学的毕业班，在毕业晚会上，有位同学当场为苏老师写了一首诗，并且朗诵出来。他是这样写的："看云山苍苍，观碧海泱泱，尊苏师之风，至地老天荒。"我当时非常非常感动，苏老师教的孩子都会作诗，但这位同学的诗作格外打动我。后来我才知道，原来他是模仿范仲淹的这篇文章写的，而且改得恰到好处。我们青岛有大海，所以说"观碧海泱泱"，而"海枯石烂，地老天荒"又常常连用，最后一句的"至地老天荒"也水到渠成。所以，我更加佩服和感谢他。

好了，刚才解决了同学的疑问，最后，苏老师再给大家补充一些范仲淹诗作中的千古名句，希望大家能够记住，有兴趣还可以查查出处，了解一下这些名句的含义和诗作背后的故事。

（屏幕出示："愁肠已断无由醉，酒未到，先成泪。""明月高楼休独倚，酒入愁肠，化作相思泪。""浊酒一杯家万里，燕然未勒归无计。羌管悠悠霜满地，人不寐，将军白发征夫泪。"）

师：下节课，我们将带大家走进宋朝另一位著名的诗人、文学家、改革家，看看他又是如何体现自己非凡人生的。欲知后事如何，且听下回分解。

第八节 平生际遇梅花知

——《咏梅》课堂实录

导读

一首《咏梅》诗，向来被认为是作者对梅花高洁品格的赞美。殊不知，它的背后隐藏着作者波澜壮阔的人生故事。若不是走进苏老师的课堂，你绝难想到，这首诗居然是作者写给自己的，其中看似平淡的几个词——「墙角」、「数枝」、「凌寒」、「雪」、「暗香」……其实字字皆学问，词词蕴故事。

更让人拍案称奇的是，你将在这堂跨越时空的诗词课中，通过苏老师旁征博引的讲述，与众多意想不到的诗人大家不期而遇，共享诗词与历史激情碰撞的豪门盛宴。

师： 上节课，我们提到了范仲淹，说他是宋代了不起的文学家，政治家。那么和范仲淹同一朝代的，还有一位伟大的诗人，文学家和政治家，也留下了传唱千古的诗篇。你能猜出这个人是谁么？友情提示一下，他也是北宋时期著名的政治家，进行了一场轰轰烈烈的改革。谁来说？

生： 应该是王安石。

师： 非常好，王安石，你答对了。那么王安石写下的诗篇里面，我猜这一首你们应该最熟悉。

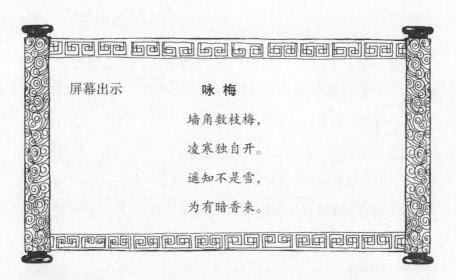

屏幕出示　　　　　　　**咏　梅**

墙角数枝梅，

凌寒独自开。

遥知不是雪，

为有暗香来。

师：同学们都笑了，小菜一碟，这首诗太简单了，早就学过了。好，同学们先来读一读。

生：（齐读）

师：读得真不错。大家看到这首诗都会心一笑，看来是胸有成竹。那么第一个问题来了，你认为这首诗表达了诗人怎样的感情？你来说。

生：对逆境中不畏严寒的梅花精神的赞美。

师：说得真好，大家都是这么认为的么？如果是，就点点头，有不同意见的，请举手。

生：（点头）

师：看来大家都认同这位同学的说法，认为这首诗表达了作者对逆境中不畏严寒的梅花精神的赞美。因为我们都知道梅花是"花中四君子"之一——**梅、兰、竹、菊**（板书）被称为**"花中四君子"**（板书）。而松、竹、梅又被誉为**"岁寒三友"**（板书），可见梅花在古人眼中有着非凡的地位。

那么我现在又有一个问题了，这首诗，你认为王安石是为谁写的？

生：我觉得应该是写给那些君子的。

师：写给君子的，这个想法不错。关键是君子里边，他要独独送给其中的一个人，能猜到么？

生：老师，我觉得是不是皇帝啊？

师：皇帝？我一会儿要讲太多皇帝的故事，但这首诗不是送给皇帝的。王安石送给皇帝的另有其诗，我一会儿再告诉你。

生：是送给他好朋友的吧。

师：你的想法不错，但可惜不是。看来大家很难猜得出来，我来宣布答案。其实这首诗，是王安石送给他自己的。

生：（面露惊奇）

师：大家都很奇怪是么，明明是写梅花的，是写景物的一首诗，怎么就变成王安石送给自己的诗了？这里面可就有很精彩的故事要讲了。我们先来看王安石这个人，你对王安石了解多少，除了知道他有一个"王安石变法"之外，还了解什么？你来说。

生：王安石还是一个著名的宰相。

师：对，很好。王安石既是著名的改革家也是著名的宰相，苏老师马上就要讲一个关于王安石和宰相的故事。我们古人，喜欢有一个名，然后有一个字，还有一个号。王安石的字是**介甫**（板书），号是**半山**（板书）。再比如说，苏轼字**子瞻**（板书），号**东坡居士**（板书），所以你们可以叫他苏子瞻，也可以叫他苏东坡，明白吗？那么同样，王安石因为字叫介甫，所以你也可以叫他王介甫。

刚有同学说了，说他是个宰相，一点都不错。关于像这种官职很高的人，包括皇帝，史书中为了证明他们的与众不同，天生富贵命，往往会记载他们出生或年幼时的一些独特的现象，这些现象叫做"异象"，就是和别人不一样的情况，奇异的现象。在王安石的传记里面，也有这样一个异象，来证明王安石的神奇。

话说王安石的父亲在宋朝为官，他的官职很有意思，不高但是很有名气——因为前段时间电视上还播了以这个官职为名的一部连续剧，叫做《大宋提刑官》。而王安石的父亲，干的就是这个活儿。这个王大提刑官一生的梦想，就是升官升官再升官，最终能官至宰相，他就了无遗憾了。

他有一次到四川去提犯人，因为儿子没有人照顾，于是王大提刑官就带着他这个八九岁的儿子，也就是王安石，一起去四川提犯人。爷俩儿在经过四川一座山的时候，看到山上有一个洞，上面写着"风雨洞"，王大提刑官大喜，因为他早就听说这个洞的神奇之处，大凡从这个洞经过的人，如果突然间，洞里狂风大作，暴雨倾盆，你能够被它淋成落汤鸡的话，将来势必升官发财，官至宰相。如果跟外面一样，无风无雨，就证明你没有什么官运，就只能碌碌无为，终老一生了。

在穿过风雨洞之前，王大提刑官在心里默默地祈祷：让暴风雨来得更猛烈些吧！为什么祈祷？因为王大提刑官一心一意想升官。再看看他的儿子王安石，小小年龄却目光淡定。结果，爷俩儿刚进了风雨洞，只见一阵狂风迎面扑来，顿时大雨倾盆，把这一大一小淋成了两只落汤鸡。出了洞口以后，王大提刑官哈哈大笑：我终于要迎来出头之日啦！于是乎，几十年过去了，王安石的父亲退休了，但退休时也没能如愿做成高官。可是他的儿子王安石，却做了宰相。所以，这个典故就叫做**"风雨送介甫"**（板书）。明白它的意思吗？原来，这一场暴风雨不是送给王大提刑官的，而是送给他的儿子王介甫，就是王安石的。

王安石做了宰相之后，就开始推行他的变法运动，史称**"王安石变法"**（板书）。这里有一个词叫做"变法"，知道什么变法吗？

生：就是改变法律。

生：就是改变法则和制度。

师：对，改变一个国家的制度，改变一个国家的法律。王安石变法，可以说是变得非常决绝，非常彻底。因为王安石这个人生性固执而勇猛，不给任何人面子。在他变法的过程中，王安石颁布了三条基本原则，条条听上去都是石破天惊，大逆不道。我们来看看有哪三条——

第一条：**"天变不足畏"**（板书）。如果我变了法，老天爷不高兴了，给我来场三年的大涝三年的大旱，那我不怕它。

第二条：**"祖宗不足法"**（板书）。这句话更不得了，之前上一朝人立下的法律，不必去效仿。这个"法"，就是效法的意思。这句话说，老祖宗的法律说改就改，说变就变，老祖宗的规矩说不要就不要。既然变法，就要变得不顾一切，我行我素。

第三条：**"人言不足恤"**（板书）。如果我要是变法，老百姓说不好，当官的说不行，让别人说去吧，我不会对此感到忧虑。

同学们，面对这么一个凶悍的宰相提出的变法措施，如果你是大宋的皇帝，你有什么感觉呀？找个今天还没发言的同学，你来说。

生：我觉得如果我是皇帝的话，我一定觉得王安石非常狂妄。

师：狂妄是吧？还有，你来说。

生：如果我是皇帝的话，我就想把他给斩了。

师：把他给斩啦，你够狠呀！那么你呢？

生：觉得他侵犯了我的权利，简直反了。

师：好，还有人想说，你来。

生：王安石你简直是藐视王法。

生：王安石目中无人。

生：立即下令革职查办！

师：听到大家的发言，我感觉你们个个都不认同他。没错，当时王安石变法的观点一出来，就遭到了满朝文武官员的反对。但有意思的是，和你们刚才反应一样的，并不是皇帝，而是众大臣。而皇帝是谁呢？当时的皇帝是宋神宗，跟你们的想法恰恰相反。

宋神宗的想法是：这国家如果不变法，这种又弱又贫的生存状态就要继续延续下去，所以说，皇帝是全力支持，让王安石大胆变法，大胆变革。但是反对派的阻挠，却让王安石变法步步艰难。其中，反对派中有一群重量级的人物。我们先来看，坚决反对他变法的，第一个，司马光（板书）。认识司马光吧？

生：认识。

师：司马光做了件非常伟大的事情——

生：（齐答）司马光砸缸。

师：我就知道你们要说砸缸，司马光不仅砸过缸，砸缸不算伟大，他最伟大的事情是写下了一部中国史学史上的巨著，叫做——你知道？请说。

生：《资治通鉴》。

师：真棒！叫做**《资治通鉴》**（板书）。所以如果将来有人问你，司马光做过什么了不起的事儿，先不说司马光砸缸是真是假，反正这事儿不够伟大，充其量叫做急中生智。最伟大的事是他写了《资治通鉴》，这是中国史学史上的皇皇巨著。好！那么这个人怎么样？够分量吧？

生：够。

师：好！那第二个人，是苏老师的本家，也姓苏，宋代最著名的大文豪，大诗人。

生：苏轼。

师：对，**苏轼**（板书），很好。这个人怎么样，够不够分量？

生：够。

师：好，第三个人，也很够分量，大家可能不是特别熟悉，他的名字叫：**范纯仁**（板书）。史料中是这么来形容这个范纯仁的，说他是一表人才、风流倜傥、才华纵横、翩翩君子。他是当时一位非常有学问、有涵养、有风度的大学士，他也反对变法。虽然范纯仁你不熟悉，但是他跟我们之前提到的一个人有关系，也姓范。

生：范仲淹。

师：没错，说范纯仁你不熟，说他爹你可知道。对，他就是范仲淹的儿子，正可谓"虎父无犬子"。

生：（恍然大悟）

师：中国的文学史好不好玩儿？

生：好玩儿。

师：你看，很多历史名人就这么不经意间串起来了，真有意思。我们说，这么多重量级的人物齐齐反对王安石变法，他的日子能好过吗？当然不好过，但是他有铁杆哥们儿，就是宋神宗，皇帝说了算，皇帝让王安石变法，其他人都统统地闭嘴。

但是，这些老臣们也不是一般人物。他们一看，皇帝的路线走不通，就跑去走女人路线。于是，他们跑去皇太后那里告御状去了。说皇太后，我们都说皇天在上，老天爷翻脸，我们必须赶快顶礼膜拜。您看这个王安石，居然说"天变不足畏"，还说"人言不足恤"，别人说的话都不能听了，就他一个人说了算。这还不说，关键是"祖宗不足法"，他王安石连老祖宗的法都要改，都敢改。皇太后您老要不说句话，我们这个大宋江山就真的 Game over 啦。

皇太后听到这些话，肯定会怎么样？气愤不已。老太太把皇帝叫来，一番严厉的训斥加上涕泪涟涟，一哭二闹三上吊，说你必须把这个王安石给我废啦。这个时候母命难违，没有办法，宋神宗只好撤了王安石的职，让他提前告老还乡了。王安石没有办法只好提前退休，回到了自己的故乡。

眼看冬天就来了，漫天飘着鹅毛大雪，被罢官的王安石在自己孤独的小院里闲庭漫步，满腹无奈，然后突然间看到院里的墙角有几枝梅花居然傲雪开放，他立刻想到了自己的人生，于是提笔写下这首传唱千古的《咏梅》诗。

我们再回过头来看看这首诗，就不难发现，这首诗果然是王安石写给自己的。首先看第一句"墙角数枝梅"，先看这梅花开在什么地方？墙角！不是堂而皇之地开在庭院中央，而是墙角。"墙角"代表什么意思呢？

生：偏僻的地方。

生：没有人注意，不起眼的地方。

师：对，偏僻的，不起眼的。这就像王安石的人生，只能在夹缝中生存，对吧？想想看，在朝廷里边，王安石处处受人排挤，遭人反对，终于被排挤到哪里去了？到墙角去，靠边站了，所以王安石自比是"墙角梅"。我们再看，既然是孤独的，受人冷落的，但王安石却是"数枝梅"不是"一枝梅"，这又是为什么？

生：他还有朋友支持。

师： 对，证明自己还不是孤军奋战，自己的观点还不是没人支持，他知道皇帝心里是支持的，只是皇帝母命难违，才无奈中罢了自己的官。所以，看着墙角高洁的梅花，王安石没有绝望，他认为像自己一样有高洁人品的，支持自己的还是有几个同道中人的。

再看第二句"凌寒独自开"，这句话应该怎么理解呢？王安石觉得很孤单，因为只有他自己在这里默默地开放，还要在冰天雪地忍受严寒的折磨。大家想，这里"严寒"仅仅指冬天的天寒吗？还有什么？这位同学，请你来说。

生： 心寒。

师： 对，说得真好呀。所以说，在严寒的冬天，在仕途受挫，人生无望，心寒彻骨的状态下，王安石仍然不放弃自己的梦想，还在这里像梅花一样傲雪绽放。一个"凌"字，表达了作者的铮铮傲骨。再看第三句"遥知不是雪"，这句话很有意思。我们都知道，古人常用"雪"来形容一个人非常高洁。比如说这个坐在前排的女生，真是冰雪聪明，证明你非常纯洁聪慧。"冰雪"很显然是证明高洁的人格。但王安石为什么说"遥知不是雪"，难道王安石不是一个高尚的人吗？

生： 是。

师： 对，他当然是。那他为什么要这样说呢？因为王安石很有自知之明，他清楚地知道，这"雪"代表的是正人君子，是有一个标准的。像我们刚才说的范纯仁就是非常高洁，还有像李白也非常高洁，一看就是像雪一样的高尚之士，冰雪之人。

而王安石则不是，他的外表看上去实在对不起观众，如果你不跟他深交，会发现这个人实在不像好人。为什么呢？因为王安石生性偏执，从来就没有个笑模样，成天哭丧着脸，邋里邋遢，不修边幅。说好听点是个朴素的宰相，说难听点像个下里巴人，就像个乡巴佬一样的。所以说他一看就不具备玉树临风的模样，而且有典故为证。苏轼的爹，老苏，叫苏洵，知道吗？

生：知道。

师：对。我们说，苏轼家有"一门三杰"，有三个厉害的人物：**苏洵、苏轼、苏辙**（板书）。苏轼上有老爸叫苏洵，下有弟弟叫苏辙，"唐宋八大家"中他们一家占了仨，这在中国文学史上可是绝无仅有的。话说苏洵过生日，开 Party，大家纷纷去给他庆祝，请的可都是重量级的人物。这桌儿上坐的，大家看看，司马光坐这儿，苏轼坐这儿，范纯仁坐这儿，还坐着个重量级人物叫**欧阳修**（板书）。

生：（赞叹）

师：听到这个名字，同学们很激动，你们和欧阳修很熟吗？

生：（齐笑）

师：没错，欧阳修很厉害，也是"唐宋八大家"之一。这还不算，这一桌儿还坐着个人物，名气很大，文学没有名，但是案子办得很有名——包青天，**包拯**（板书）包大人。

生：（欢呼）

师：你们怎么这么开心？

生：觉得很有意思，老师不讲都不知道，原来这么多著名的人物都在同一时期，而且是好朋友。

师：是的，所以说我们不仅要学诗词，还要学历史，这样更有乐趣。从这一桌儿我们可以看出来，都是 Superstar，都是超级明星。当然这桌儿还坐着个人物，我们这节课的主角——王安石。

当时欧阳修不认识王安石，宴会结束后，欧阳修就问苏洵了，说苏兄啊，对面"囚首丧面者谁？"什么意思呢，就是坐在我对面那个长了个囚徒的脑袋，然后哭丧着脸的人是谁？苏洵说，他，你都不知道？他就是王安石，轰轰烈烈搞改革的宰相王安石。所以王安石这样的人"遥知不是雪"很正常，远远看上去不像一个正人君子。

但是王安石后面这句话说得很好，说"为有暗香来"，尽管我可能表面上不是一个玉树临风、一表人才的翩翩君子，我非常偏执，非常有个性，不修边幅，但我是有"暗香"的，就像梅花一样，不靠外貌，而靠内在高洁的人格取胜。是的，王安石是个有内涵的人，不仅他自己问心无愧，而且历史的长河也充分地证明了这一点。他有才华，有政治抱负，人品高尚。我可以给你们举一个例子。

刚才提到，有一个人——苏轼激烈地反对他，绝对是他的政敌——政治上的敌人叫政敌。当时苏轼生活非常坎坷，一生中经历了很多风浪。最后苏轼因为一个案子，叫**"乌台诗案"**（板书）——一个关于作诗的案子——被诬告为有反朝廷的嫌疑，被流放，过得非常困苦。这时候有一个小人，跑去王安石那里挑拨离间，说，王大人，您看现在苏轼是墙倒众人推，他哪有您那么英明，哪有您那么才华翩翩？他曾经那么让您难堪，现在他倒霉了，您何不趁此机会再狠狠地踩他一脚，让他永世不得翻身。

如果说王安石是个小人的话，他就会趁着这个机会去报复苏轼，甚至置他于死地。但是王安石有没有这样做？

没有。他一方面把这个小人狠狠斥责了一番，得出一个结论：小人不可信，不可靠。另一方面，他知道苏轼困难，便不动声色地帮助他。甚至在多年以后，两个人都罢官归田，偶然相遇，还在一起饮酒论诗，尽弃前嫌。所以王安石真的是一个"有暗香"之人，一个非常低调，有内在涵养的人。

刚才那个挑拨离间之人，你们知道他是谁吗？其实这个人也很有名，等你们到中学会学到。在中国科学史上，他也是个大名鼎鼎的人物，叫**沈括**（板书）。他写过一部非常经典的科学著作叫**《梦溪笔谈》**（板书）。这个人在人格上真不咋地，但是他的学术成就我们不能忽视。好的，讲到这里，大家都清楚了，正是因为这样一种情绪，王安石写下了这首千古名篇《咏梅》。所以此刻再读这首诗，同学们的感受一定和以前大不一样了，是吧？来，请把你的感觉读出来。

生：（有感情地朗读）

师：你怎么理解自己的这种读法？

生：很孤独，但又很坚强。

师：说得真好，我们现在感觉这首《咏梅》诗已经不再是单纯的一首诗了，而是融入了作者王安石不平凡的人生经历。那么大家恐怕有一个问题要问了：苏老师，王安石就这样了此残生了吗？同学们，你们希望是这样吗？

生：不希望。

师：肯定希望他还有下文，还有更精彩的故事和经历，对吧？好的，苏老师可以告诉你们，王安石的故事还没有结束，他的人生还有新的波澜。欲知后事如何，且听下回分解。

「泊」出的惊世之作

——《泊船瓜洲》课堂实录

导读

《泊船瓜洲》中的千古名句「春风又绿江南岸，明月何时照我还」一直被认为表达了作者对故乡的思念之情，而一个「绿」字，又成为众多老师课堂讲述王安石「炼字」故事的重点。殊不知，这两句诗的背后隐藏着作者东山再起的喜悦和对世事难料的复杂情绪。而除了一个「绿」字，还有更加富有深意的「春风」、「明月」等待着我们去挖掘其中丰厚的文化含义。这一切，都将在苏老师纵横捭阖的课堂中得到答案。

师：同学们，上节课我们讲了王安石的《咏梅》诗，了解了王安石和他变法经历的风风雨雨。大家对他后来的命运一定非常关心，今天，我们就通过另一首诗来了解王安石东山再起的一段人生经历。我们说，经历了贬谪之后的王安石并没有一蹶不振，命运之神再次垂青于他，他的另外一首诗告诉了我们答案。

他的这首诗我们也学过，你们猜一猜。我提醒大家一下，这首诗是他把船停在一个地方，然后有感而发，即兴而作，于是留下了一首千古名篇。好，已经有同学举手了。来，你试试看。

生：老师，是不是《泊船瓜洲》？

师：非常好，就是《泊船瓜洲》。这首诗大家学过吗？

生：学过。

师：好。我们一起来读一读。

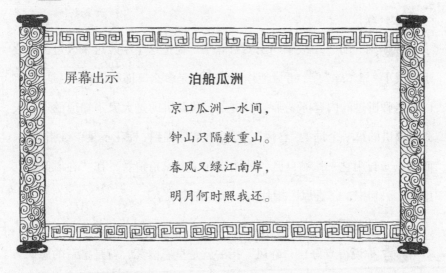

屏幕出示

泊船瓜洲

京口瓜洲一水间，

钟山只隔数重山。

春风又绿江南岸，

明月何时照我还。

生：（齐声朗读）

师：非常好！你们知道这首诗是在什么情况下写的么？

生：王安石离开家乡的时候。

师：你怎么知道？

生：因为最后一句说"明月何时照我还"，表达了作者思念家乡的感情。

师：对，这是我们之前学这首诗时总结出的思想感情。但是，大家可能还不知道，这次王安石离家不是普通的出游，而是重新走马上任。这首诗就是王安石在重新被任命，回朝廷当官的路上写的。之前我们说，王安石被迫告老还乡之后，国家暂时看上去清净了，但是很快，宋神宗就发现财政收入急剧减少，人民生活更加困苦了。

「泊」出的惊世之作

这种情况下，皇帝决定重新启用王安石，把他请回来继续变法。于是，诏令立刻下到王安石的故乡，王安石怀着极其复杂的心情踏上了重返朝廷变法的路。所以，王安石在路上有感而发写下这首《泊船瓜洲》。苏老师想问一下，在学这首诗的时候，你们的老师会着重讲哪一个字？

生：绿！

师：对，有一个故事叫王安石炼字。他把这个字改过来改过去，终于改成了一个"绿"字，可见他作诗的态度是多么严谨和认真。但是今天，以前老师讲过的内容苏老师就不讲了，我要讲的是大家不知道的。今天我们要讲的第一个词是"春风"。既然上节课提到，梅花不是单纯指梅花，而是王安石用它来比喻自己，那么现在请大家猜猜看，在"春风又绿江南岸"一句中，"春风"指什么？来，你来说。

生：我觉得应该是皇帝吧。

师：你说得真好！"春风"指的就是皇恩浩荡，就是皇帝的恩德。这句诗是整首诗的中心句，把意思表达得很清楚。大家看，"春风又绿江南岸"，"春风"指的是皇恩浩荡，"又"字则说明是再一次，"绿"字可以引申为惠泽，江南岸是王安石故乡所在。

所以这一句表面是写春风和煦，唤醒万物，而实际上是王安石借用景物来表达自己东山再起的兴奋之情。之前皇上请我变过法，又让我告老还乡，而这次我重新被任命，全依靠浩荡的皇恩再一次眷顾了我。"春风"一词，用得真是妙不可言。

讲到这里，苏老师就要顺便给大家提个醒，在中国的古诗词中，你们要学会举一反三，因为很多词都有特定的意义，在古诗词中称作意象或者符码。比如说"春风"，在很多诗词中指的都是皇恩浩荡。不信，我们可以举几个例子，大家还学过哪些和春风有关的诗？来，你来说。

生：老师，"春风得意马蹄疾"里的"春风"是不是？

师：这首诗是谁写的呢？

生：孟浩然。

师：不是，但也是老孟家的诗人。再想想。

生：孟郊。

师：对，就是孟郊。听过吗？"春风得意马蹄疾"，需要板书吗？

生：不用。

师：好的。这句诗完整地说应该是"春风得意马蹄疾，一日看尽长安花"。这里的"春风"也指皇恩浩荡。因为这首诗的题目就是证明，知道这首诗的题目么？

生：（摇头）

师：这首诗叫《登科后》（板书），是孟郊在四十六岁那年终于考中进士后写的。在古时候，进士是个非常难考的功名，有"五十少进士，三十老明经"之说，证明明经是个相对容易考的功名，三十岁考上都是老明经了；但进士就非常难考，五十岁能考中都是很了不起的，算少年英才了。在进士考试中皇帝要亲自参与阅卷评审，这么一来，孟郊皇榜高中，得了进士，自然是喜出望外，感念皇恩。明说春风得意，实指皇恩浩荡。言外之意就是，我孟郊之所以有今天，全靠了皇帝的恩泽。那么除了这一首，大家还能举出别的例子么？

生：羌笛何须怨杨柳，春风不度玉门关。

师：这首诗是谁写的？

生：王之涣。

师：对。这句中的"春风"也是皇恩的意思。"羌笛"是一种边疆少数常用的乐器，杨柳指的是一首叫《折杨柳》的曲子，是一首思乡曲。所以，这句诗的意思是，守边的将士们啊，你们何必再去吹奏那个《折杨柳》的思乡曲，因为"春风不度玉门关"。

"玉门关"是唐朝与少数民族作战时的边境关口。皇帝的恩德是不会眷顾你们这些守边的将士的，是不会体恤你们的思乡之情的。因为在古时作战，并不是每个君王，每个将军都会爱兵如子，常常会有这样的情况，叫做**"战士军前半死生，美人帐下犹歌舞"**（板书）。这句话是什么意思？就是说这些征战杀场的兵士们，在战场上杀得是人仰马翻，前仆后继。而当朝统治者或者军队的统领们则在帐篷里面看女子跳舞，不顾兵士的死活，只顾自己享乐。而"春风不度玉门关"，说的就是这个意思。我看这位同学的手一直举得好高，你还有要补充的诗句么？

生：老师，我不确定，那首贺知章的《咏柳》算不算？

师：你背背看。

生：碧玉妆成一树高，万条垂下绿丝绦。不知细叶谁裁出，二月春风似剪刀。

师：大家觉得呢？

生：我觉得不算吧，好像就是写春天景色的。

生：我觉得也有可能，是赞美皇上的。

师：大家的意见不太一致。其实，每一首诗如果我们不深究，都可以看做是诗人的率性而为。只是，如果我们了解一下诗词的创作背景和诗人的人生经历，就会得出新的结论。这首诗是贺知章写的，表面上是写柳树，但因为这首诗写于贺知章告老还乡的途中，所以就有了新的可能性。

同样是做官，同样是告老还乡，贺知章的命是超好的，跟王安石完全不同。贺知章告老还乡的时候，是皇帝亲自组织大臣们给他夹道送行，还赏赐了他很多金银财宝，因为贺知章为官为得非常好，深得皇帝信赖。所以，此时的贺知章，坐在高头大马之上，拖着一箱一箱的金银珠宝，荣归故里。

而又恰逢阳春时节，在回乡的途中，他看到了垂柳依依，然后就开始联想自己的人生，虽然已经是一大把年纪了，但是他仍觉宝刀不老，用柳树来比喻自己，说"碧玉妆成一树高，万条垂下绿丝绦"。证明自己现在就像春日的柳树一样英姿勃发，精神飒飒地返回故乡。

但他也是很会拍马屁的，我这么英姿飒爽，这么仕途顺利，全靠皇帝一手提拔，一定要谢主隆恩啊！所以来了一句自问自答，"不知细叶谁裁出"，我为什么会有这么完美的人生？"二月春风似剪刀"，是浩荡的皇恩让我有今日的幸福晚年啊。现在大家清楚了吧？

生：（点头）

师：所以如果我们研究一下会发现，诗词真的很好玩。将来大家在诗词中再发现"春风"这个词，可要好好琢磨琢磨了。好的，赏完了"春风"，我们还要赏"明月"，让我们回到《泊船瓜洲》，看另一个关键词。在"明月何时照我还"这一句中，这里的"明月"也是一个非常重要的词，在中国诗词里面，它常常表示的是思念家乡之情，简称为思乡。比如说大家很熟悉的"举头望明月，低头思故乡"。除此之外，你还能想起与明月思乡相关的诗句么？

生：海上生明月，天涯共此时。

师：同学们积累的真多，还有什么？

生：明月几时有？把酒问青天。

师：真棒，非常好。——你有问题？

生：老师，"明月几时有？把酒问青天"怎么能看出来思乡啊？

师：这首诗大家学过么？谁来帮他解答这个问题。

生：这首诗是苏轼写的《水调歌头》，是苏轼写给他弟弟苏辙的，表达了对苏辙的思念之情。最后两句是"但愿人长久，千里共婵娟"。说明他思念兄弟，思念家乡。

师：说得真好。看来大家已经学会举一反三了。提到明月思乡，苏老师忽然突发奇想，再给大家补充一点内容，就是写明月诗的高手李白。因为在李白的诗篇里，明月和酒是最常见的两个意象，所以后世文人给了李白诗词一个非常经典的概括，叫做**"明月照酒"**（板书），是不是很浪漫？

台湾有个非常著名的诗人叫**余光中**（板书），他写了一首很美的诗叫《寻李白》（板书），其中最后几句是这样写的：**"酒入豪肠，七分酿成了月光／余下的三分啸成剑气／绣口一吐，就半个盛唐。"**（板书）可以说把李白的"明月照酒"写绝了。我很喜欢这首诗，所以和大家分享一下，希望你们也喜欢。好的，说完了这思乡的明月，我们要回过头来研究一下王安石这最后一句话了。既然是重新被任命，是喜获新生，可是为什么王安石在感念了皇恩浩荡之后，还要说"明月何时照我还"呢？他到底是想去还是不想去呢？

生：我觉得他想去，心里高兴又不好意思说。

生：我觉得他不想去，因为还是在家乡的日子平静。

生：他应该想去，要是不想去，就不会写《咏梅》诗了。

生：他想去又不想去。不去不甘心，去了又怕遭人陷害。

……

（生争论）

师：看来大家对这个问题很难达成共识，其实，你们现在的观点正是王安石觉得矛盾的地方。好，在这里老师给大家解释一下吧。这句诗在研究者看来有三种观点。第一种观点是，这首诗是王安石重新赴任之后，心里面非常得意，于是乎他抱着这样的心态说：皇帝总归还是离不了我，又来请我出山了。"明月何时照我还"，我这次倒是要看看皇帝您何时再把我送回来。

还有一种观点是，王安石心里很惶恐。"春风又绿江南岸"，皇帝又让我去赴任，"明月何时照我还"，朝廷险恶，不知这一去，什么时候又把我送回来了，内心很惴惴不安的。

第三种观点是，王安石真的很思乡。我要去赴任虽然很开心，但一想到要离开我的故乡，离开我的亲人，我的心里就依依不舍。"明月何时照我还"，这一去不知几时才能回来呀！

明显不同的心境，在当时的状态下，三种说法都有成立的理由。所以，这两句，我们一起再来读一读。你认同哪一种观点，就带着这种心境和语气来读一读。

生：（有感情地朗读后两句）

师：大家读得都很好，让我如临其境。上节课，我们提到了王安石变法中，最得力的支持者就是皇帝宋神宗。其实，对于王安石而言，宋神宗不仅是他的主子，也是他一生最好的朋友，甚至是知己，有诗为证。宋神宗去世以后，王安石非常伤心，专门为他写了一首悼亡诗，叫《伯牙》（板书）。大家听说过吗？

生：没有。

师：那大家听过俞伯牙和钟子期的故事吗？

生：（个别点头，多数摇头）

师： 好的，那苏老师先简单说一下伯牙和子期的故事。话说在春秋时期，有一个叫俞伯牙的琴师，技艺高超，但真心能听懂他曲子的人却不多。有一次，俞伯牙乘船沿江旅游。船行到一座高山旁时，突然下起了大雨，伯牙便让船夫将船停在山边避雨。伯牙耳听淅沥的雨声，眼望雨打江面的生动景象，琴兴大发，便信手弹奏起来。伯牙正弹到兴头上，突然感到琴弦上有异样的颤抖，这是琴师的心灵感应，说明附近有人在听琴。

伯牙走出船外，果然看见岸上树林边坐着一个樵夫，就是打柴人。伯牙把他请到船上，两人互通了姓名，原来樵夫名叫钟子期。

伯牙说："我为你弹一首曲子听好吗？"子期立即表示洗耳恭听。伯牙即兴弹了一曲《高山》，子期赞叹道："巍巍乎高山！"意思就是，多么巍峨的高山啊！伯牙又弹了一曲《流水》，子期称赞道："洋洋乎流水！"意思就是，多么浩荡的江水啊！伯牙又佩服又激动，对子期说："这个世界上只有你才懂得我的心声，你真是我的知音啊！"于是两个人结拜为生死之交。

伯牙与子期约定，待伯牙周游完毕便前往子期家拜访，并一起弹琴赏月。时隔一年之后，伯牙如约前来子期家拜访他，但是子期已经不幸因病去世了。伯牙听后悲痛欲绝，奔到子期墓前为他弹奏了一首充满怀念和悲伤的曲子，然后站立起来，将自己珍贵的琴砸碎于子期的墓前。从此，伯牙与琴绝缘，再也没有弹过琴。

后来，人们就用"高山流水"来比喻知音难觅或乐曲高妙，这个典故也延伸出"知音"这个词，就是知己的意思。所以，宋神宗死后，王安石写的这首《伯牙》就是借用了 **"高山流水遇知音"**（板书）的典故，来表达自己与宋神宗的知己之情。我们一起来看一下这首诗。

（屏幕出示《伯牙》："千载朱弦无此悲，欲弹孤绝鬼神疑。故人舍我闭黄壤，流水高山心自知。"）

师： 没有生僻字，大家先一起读一下吧。

生： （齐读）

师： 在这首诗中，最后两句写得最感人。"故人舍我闭黄壤"，这里的"故人"既是已故之人，也是老朋友，意思是说，皇上啊，我的老朋友，虽然您已舍我而去，入土为安，但是"流水高山心自知"，这高山流水的知己情谊我永远铭记在心。我们说，敢把皇帝看做自己的知己，铁哥们儿的，除了至情至性的王安石，历史上恐怕再也找不到第二个。鲁迅先生曾经说过："**人生得一知己足矣，斯世当以同怀视之。**"（板书）所以，从这点来看，王安石也不枉他这风风雨雨的一生了。

看过了《泊船瓜洲》，我们对王安石有了深入的了解。其实，在古诗词中，这个"泊"字也是大有深意的。王安石在瓜洲一泊，泊出一首惊世之作，而另一位诗人在姑苏城外一泊，也泊出了一首千古绝唱。这个诗人是谁？又有哪些诗词背后的故事呢？欲知后事如何，且听下回分解。

"泊"出的惊世之作

导读

《枫桥夜泊》是一首家喻户晓的诗作，而对诗人张继人们却知之甚少。那么，作者究竟是个什么样的人，他是在什么情况下写就了这首千古名篇？诗的字里行间又隐含着哪些不为人知的文化符码？为什么这首诗可以在浩如烟海的中国诗词中脱颖而出，成为入选日本小学语文教材的两首诗之一？寒山寺钟声的背后又有着怎样动人的民间传说？让我们一起去聆听苏老师与众不同的解读，领略惊喜不断的课堂。

师：同学们，上节课我们分享了王安石的《泊船瓜洲》，大家一定还意犹未尽。我们也说了，题目中的这个"泊"字，在古诗词里是很有意境的，不是有个词叫"漂泊"么。王安石的船泊在瓜洲，泊出一首千古名诗来；而在三百年之前，也有一个诗人，在枫桥停船一泊，也同样泊出过一首千古绝唱。你知道是谁吗？

生：张继。

师：真棒，这首诗叫什么？

生：《枫桥夜泊》。

師：非常好！学过吗？

生：学过。

師：既然学过，就让我们先一起来读一读这首诗。开始！

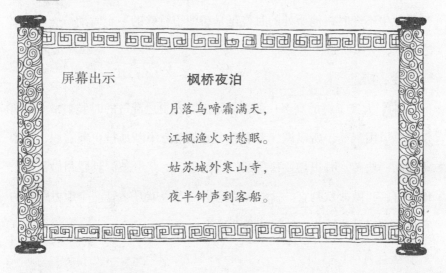

屏幕出示　　　**枫桥夜泊**

月落乌啼霜满天，

江枫渔火对愁眠。

姑苏城外寒山寺，

夜半钟声到客船。

生：（齐声诵读）

師：我们读得可真有激情。这首诗大家都非常熟悉，它影响也非常大，在中国可谓是家喻户晓。这首诗让一个城市扬名天下，叫苏州——姑苏城，就是今天的苏州；也让一座寺庙闻名遐迩，叫寒山寺。不仅如此，这首诗还影响到和我们一衣带水的国家——日本。

日本的小学语文课本里就收录了这首诗，作为必学的课文。这首诗在日本的影响力甚至超越了李白的诗作，这着实让我们好奇，究竟是为什么呢？答案一会儿揭晓。那么首先让我们看看这首诗的作者。关于张继你了解多少？

生：张继这首诗是在船上做的，因为他去考状元，结果没考上，他觉得很对不起他奶奶，因为他是奶奶抚养长大的。

師：好的，这是一个民间的传说。那么我们来了解一下张继。张继这个人，在史料中的记载还真不多。但是在有限的记载里面，我们可以得出一个结论：张继是个好人，是个清官。为什么这么说？张继也是勤勉之人，为考取功名吃了很多苦，最终皇天不负有心人，考上了进士。但是他生不逢时，他所处的时代正是唐朝很特殊的一个时期——"安史之乱"，大家听过吗？

生：听过。

师：大家了解的真多！那我们知道"安史之乱"的时候，整个大唐江山是风雨飘摇，所以说，考取进士的张继就不断地被更换官职，就像革命的一块砖，哪里需要往哪搬。直到最后，张继被派到滕州做了一个地方官，叫做盐铁判官。盐铁判官通俗一点说就是掌管一个地方财政的官员。掌管财政给我们的第一感觉是什么？

生：有钱！

师：对，有钱！最起码可以负责公款调拨，有权利决定钱的去向。而且在中国古代的官场，也是靠巨大的人情关系网来维系的，张继这个管财政的官员一定有很多人奉承巴结，按道理说，他肯定是缺不了好处的，一定是个有钱人。但是事实是这样么？我们看看史料记载就明白了。张继就在做盐铁判官不到一年的时间便去世了。

作为一个分管财政的官员，你想想看，他的葬礼得何其隆重啊！可是恰恰相反，张继这个人太正直了，太清白了！

他有一个好朋友，叫刘长卿，也是唐代一位有名的诗人。刘长卿写了这样一首诗，来描写张继去世后的情景，题目非常直白，就是《哭张员外继》，因为张继曾经有一个员外郎的官职，是皇帝封的，所以刘长卿直接称他为"张员外继"。

刘长卿是这样描述张继葬礼的："世难愁归路，家贫缓葬期。"这两句写得多么让人悲伤，你们看，张继做官是多么清白啊，两袖清风，一贫如洗。

刘长卿来参加张继的葬礼，本以为会厚葬，结果却发现张继的生活竟然过得如此艰难，他死之后家人都在愁着怎么送他上路。因为家里面实在太穷了，只好暂缓出殡的日期，最后东借西借才勉勉强强打了个棺材，把张继出殡了。张继把他所有的俸禄都接济了当地的百姓，做了一辈子的清官。所以说"世难愁归路，家贫缓葬期"。由此可见张继的确是个好人，是个清官。

而且他也娶了一个贤妻，陪他风雨同舟，患难与共。妻子在他死后没几天，也去世了，唯一的遗愿就是把她和张继合葬在非常简陋的墓地里，可见夫妻情谊之深，今生来世都要厮守在一起。这就是有限的史料中留给我们的有关张继的一点信息。那这首诗是写在什么时候？

有两种说法。一种就是刚才同学说的"落第说"，或叫"落榜说"。是写在他去高考落榜后，觉得对不起含辛茹苦抚养自己长大的奶奶，在回乡路上泊船苏州的时候写下了这首诗。第二种说法叫做"逃亡说"。因为时值"安史之乱"，他在逃亡的时候写下了这首诗。不管是什么情景，他写这首诗的心情如何？

生：忧愁。

师：没错，很忧愁。要学好这首诗，我们首先要关注这首诗中的"诗眼"。什么是"诗眼"？"诗眼"就是诗的眼睛，可能是一个字，也可能是一个词，整首诗都是围绕它来写的。你能找到这首诗的"诗眼"么？你来说。

生：愁。

生：愁眠。

师：你们说得都对，"愁"或者"愁眠"便是这首诗的诗眼。诗人忧愁，以至于愁得睡不着觉。那我们看一下，诗人为什么"愁眠"呢？

生：因为他看到很多让他忧愁的景物。

师：仅仅是看到么？

生：还有听到的。

师：是的，那么接下来我们就一起来看看是哪些景物让诗人张继如此"愁眠"的。我们先来看看第一句"月落乌啼霜满天"，这句中有哪些让人生愁的景物呢？

生：月亮。

师：那月亮落下去说明什么呢？

生：说明天快要亮了。

师：对，是天要亮了。这证明诗人怎样？

生：一直睡不着。

师：是的，"月落"一词证明诗人彻夜未眠。那同样，"乌啼"是指什么呢？

生：乌鸦啼叫。

师：为什么听到乌鸦叫诗人就忧愁呢？好，你来说。

生：因为乌鸦是不吉利的鸟，叫起来很凄惨，听上去非常忧愁。

师：是的，中国传统文化很有意思，很有讲究，连鸟都有文化意义上不同的分类。有些鸟是吉祥的鸟，有些鸟是不祥的鸟。其中，乌鸦很不幸，被列入了不祥之鸟的行列，简称为"悲鸟"。所以，人们一听到乌鸦叫就感到不吉利。

和乌鸦分在一组的还有几种鸟，比如说大雁。大家都听过大雁叫吗？

它的叫声是非常凄怆悲凉的。如果大家看过老版的《还珠格格》，其中有一个镜头，小燕子有一首诗一直背不过，叫《古从军行》，后来靠一边舞剑一边背诵，终于背过了。其中有一句就是："**胡雁哀鸣夜夜飞，胡儿眼泪双双落。**"（板书）听过这句诗么？

生：（摇头）

师：没听过，那就请记下来吧！这句诗是写从军打仗的途中，少数民族士兵看到远飞的大雁，就认为这些大雁是从自己家乡飞来的。"胡"是代表少数名族的意思。"胡雁哀鸣夜夜飞"，从胡地飞来的大雁夜夜悲伤地鸣叫。一听到大雁叫，"胡儿眼泪双双落"，这些兵士们的泪水就禁不住地落下来，更加地思念远方的家乡和亲人。这首诗的作者是唐代著名诗人李颀，题目是《古从军行》。

说到李颀，顺便给大家补充一句，李颀是中国历史上少有的人道主义诗人，为什么这么说呢？是因为在他的诗词里面，充满着对生命的尊重和关怀。一般诗人都会站在自己国家的立场写战争，所以才有了"不破楼兰终不还"、"不教胡马度阴山"、"壮志饥餐胡虏肉，笑谈渴饮匈奴血"的诗句，看似豪迈，实际也很残忍。

只有李颀，能够站在人的角度去看战争，认为两军对垒，死伤无数，不是士兵的过错，而是统治者的过错。就算是敌军的士兵，荒蛮之地的胡人，也是人，也有父母和亲人，也有生命的尊严。所以，在一片波澜壮阔的边塞诗和战争诗里，李颀独树一帜，怀着慈悲之心写下了"胡雁哀鸣夜夜飞，胡儿眼泪双双落"这样充满了人道主义精神的诗句，不仅证明了他的高洁人格，也证明了大唐王朝的宽容和自信。

好的，插播完李颀的故事，我们再回到刚才的话题，除了乌鸦、大雁之外，同样被列为"悲鸟"的还有杜鹃。杜鹃鸟也叫子规鸟，它有一个特点，啼叫起来非常悲哀，声音听上去特别像"苦儿苦儿"。传说中，杜鹃鸟会一直叫到满嘴鲜血，咯血而死，所以有一个成语叫"子规啼血"，就是说有莫大的冤屈。好，刚才我们说了几种让人悲伤的鸟，接下来我们也看看几种吉祥的鸟。大家可以猜猜看。

生：喜鹊。

师： 大家都知道喜鹊是报喜鸟，但其实喜鹊在中国古诗词里面还真不是吉祥鸟的主角，真有文化的人，会对这几种鸟情有独钟。你知道么？

生：凤凰。

师： 没错，凤凰是一个。但凤凰是人们想象出来的，它属于图腾。知道图腾么？

生：（摇头）

师： 图腾就是古时候因为人们对于自然的认识很有限，所以把希望寄托在某种特殊的事物或者图形上，这种被赋予了特殊意义的事物或图形就叫做图腾。比如说，龙、凤都是图腾。

好的，苏老师再来补充几种吉祥之鸟。如黄鹂、白鹭。有诗为证："**两个黄鹂鸣翠柳，一行白鹭上青天。**"（板书）还有仙鹤——"**晴空一鹤排云上，便引诗情到碧霄。**"（板书）这些鸟都是吉祥之鸟，大家一读到和它们相关的诗歌，总是觉得心情愉快。除此之外，还有一种鸟，也很吉祥，甚至可以说是史料中发现有记载的最早的一只吉祥鸟，它的名字很奇特，叫"玄鸟"，听过吗？

生：没有。

师： 这个"玄"字是什么意思呢？它是一种颜色。比如说这位同学一身玄衣，这是什么颜色？

生：黑色。

师：对，黑色。那么玄鸟就是黑色的鸟。你能猜出它是什么鸟么？肯定不是乌鸦，乌鸦就不用猜了。

生：八哥。

师：不对。

生：燕子。

师：猜对了！是燕子。你们有没有想过一个问题，我们二零零八年北京奥运会的五种吉祥物里面为什么会有燕子？因为啊，燕子是古代典籍上古歌谣中出现的最早的一只吉祥鸟——玄鸟，所以它才会成为我们奥运会的吉祥物。现在大家明白了吧？

好了，那么我们再回到诗词本身来看，这第一句中还有一个词"乌啼"。乌是乌鸦，"啼"不仅指鸣叫，它在中国的诗词里面还有一个特殊的解释，有"哀鸣"的意思，所以我们就可以解释什么叫"子规啼血"了。

当然也有特殊情况，像"自在娇莺恰恰啼"，就是一般的鸣叫。通常，"啼"都有哀鸣的意思。好的，诗人看到月落，又听到乌啼，不禁愁上心头。然后第三个词"霜满天"。能看出是什么季节吗？

生：秋天。

师：是的，正因为在秋天，古人的感情才不一样。古人说**"自古逢秋悲寂寥"**（板书），一到了秋天大家就感觉怎么样？

生：忧愁，悲伤。

师：对。开始忧愁了，开始悲伤了，漫天的黄叶，一片萧瑟，想想即将到来的冬天，诗人的心情更加伤感。宋代诗人柳永写道：**"多情自古伤离别，更那堪，冷落清秋节。"**（板书）说的就是秋天带给诗人的感受。那么大家可以连起来看一下，光是这第一句诗就足以让人愁断肠了。月亮已落下了，一夜辗转难眠，耳边响起乌鸦凄凉的悲鸣，长一声短一声的，漫天寒霜，让人不禁感慨秋天的寂寥。接下来诗人又看到了什么？看第二句"江枫渔火对愁眠"。"江枫"是什么意思？

生：江边的枫叶。

师：你说的是江边的枫树或江边的枫叶，但也有另外一种说法，是个很奇特的答案——"江枫"其实是桥的名字，在今天寒山寺旁边，一座叫江桥，一座叫枫桥，遥相呼应，统称为"江枫二桥"，简称为"江枫桥"。我们暂且不去考证它。然后是"渔火"，为什么看到渔火就愁啊。

生：因为渔火很微弱，让诗人觉得很无助。

师：你说得真好，很有想象力。因为星星点点的渔火，忽明忽暗的微光就像是作者不确定的人生，所以说"江枫渔火对愁眠"。再接下来的两句"姑苏城外寒山寺，夜半钟声到客船"更是愁上添愁。之前的景物看到了，我愁；之后的钟声听到了，我也愁。而听到的又恰恰是寒山寺的钟声。

我们都知道，万籁俱寂的时候听到响声会感到更加寂寥，更加宁静。所以，古人有一句诗叫做**"鸟鸣山更幽"**（板书），在空旷的山里面突然间听到一声鸟叫，你会感觉这个山更加幽静、寂寥。同样，在宁静的夜晚，忽然听到寒山寺的钟声，给人的感觉更加惆怅。这钟声敲打着张继的无眠，更平添了他无尽的忧愁。所以，此时张继的心情，可以用宋代女词人李清照的一句词来表达：**"这次第，怎一个愁字了得！"**（板书）

寒山寺的钟声虽然让张继倍感惆怅，但是张继作完这首诗后，寒山寺的钟声却因此变成了永恒的钟声，拥有了千年的荣耀。最后，我们就来解决刚上课时提出的一个问题，大家可能还惦记着，就是为什么日本人那么喜欢这首《枫桥夜泊》，想知道么？

生：（非常兴奋）想！

师：大家的惦记我知道，苏老师说到做到，现在我就来揭晓这个答案。因为寒山寺不是一个普通的寺庙，这个寺庙很有渊源。在唐太宗时期，就命名了"寒山寺"。这个名字是大有来头的，因为这里曾经住过两位和尚，是两位高僧，一位叫**寒山**（板书），一位叫**拾得**（板书），所以取名寒山寺。——你有问题么？

生：老师，那为什么不叫"拾得寺"呢？

师：我就知道你要这么问。听我细细道来。唐太宗时期，在远离苏州的乡下，住着两个要好的年轻人，一个叫寒山，一个叫拾得，他们两个从小就是铁哥们儿，之后民间传说就非常有意思了。

说寒山的父母给他在隔壁村叫青山湾的地方定了一门亲事，找了个漂亮媳妇。但是他万万没有想到的是，在这之前，这个女孩子和他的好朋友拾得早就已经认识了，而且互生爱慕之情。所以寒山无意间知道这个事之后，非常痛苦，一边是友情，一边是爱情，怎么办呀？寒山闭门想了好几天，最终决定成全自己的兄弟。

于是寒山不声不响地离开了家乡，一路跋山涉水，最终去了遥远的苏州的一个寺庙静心修佛，成了出家之人。十天半个月过去了，拾得一直没有看到自己的好朋友寒山，觉得很奇怪。找到寒山家，发现一封信别在门框上，他拿下来一看，上面写着祝福拾得和这个姑娘有情人终成眷属。拾得心里非常内疚，觉得对不起寒山这个好朋友，经过几天的深思熟虑后，也决定离开家乡，去寻找他的好朋友寒山，于是拾得也不畏艰辛，历尽苦难，一心想找到寒山。在路途中，拾得经过一片非常美的荷花池，看到里面荷花开得正艳，便信手摘下一朵，准备将它送给寒山作为礼物。

奇怪的是，当拾得跨越千山万水，终于找到苏州这个寺庙的时候，这么长时间过去了，这朵荷花仍然是娇艳欲滴，丝毫没变。拾得敲开山寺的门，一眼就看到了好朋友寒山，寒山也看到了拾得，两个人就像约好了一样，相视一笑，淡定从容。拾得将荷花送给寒山，寒山马上捧出盛满斋饭的篦盒来款待拾得——篦盒就是寺庙里专用的饭盒。一人捧着篦盒，一人捧着荷花，两个人相视而笑，至始至终都没有任何语言，俨然已经是心有灵犀了。

于是寒山和拾得从此就在一起潜心修佛。因为寒山入住寺庙早些，所以后人便将此寺庙取名为寒山寺。后来这两位高僧一位拿着荷花，一位拿着篦盒的形象就变成了民间年画中常用的吉祥图。因为荷花的"荷"与"和"谐音，有和谐和睦之意；篦盒的盒与"合"谐音，有合家团圆之意，所以后来寒山和拾得被誉为"和合二仙"，民间年画便常用"和合二仙"的吉祥形象来博得来年的好彩头。

（屏幕显示"和合二仙"的民间年画）

师：传说后来拾得远渡重洋，来到"一衣带水"的东邻日本传道，还在日本建了一座"拾得寺"。

而寒山寺的钟声也成为千年不变的吉祥之声，所有向往着幸福和快乐的人都渴望听到寒山寺的钟声。每年的除夕之夜，寒山寺就会照例敲响新年的钟声，一共敲一百零八下，整个苏州城都能听到。在佛学里认为，人生有一百零八个烦恼，钟声每敲一个，烦恼便少一个，敲完了一百零八下，人生所有的烦恼就烟消云散了。

所以，在寒山寺有十二字箴言，叫做：**"钟声响，烦恼清，智慧长，菩提生。"**（板书）菩提树就是智慧树，慈悲树，所以说寒山寺的钟声一响，所有烦恼都消失了，人会变得聪慧而慈悲。虽然张继的《枫桥夜泊》泊出了千年惆怅，但我们也感谢他给我们留下了如此耐人寻味的诗篇，让我们再一次梦回江南，感受寒山寺的钟声。

好，伴随着《枫桥夜泊》，我们今天的"耳朵旅行"要告一段落了，苏老师也要和大家说再见了。我很想知道——请你们诚实地回答——这样学诗词你们开心么？

生：（齐声回答，非常兴奋，激动）开心！

师：谢谢你们，既然开心，就请你们把今天的好心情传递给你身边的人。请你把所有的诗词背下来，不是痛苦地背，而是开心地背。用什么办法背呢？就是把诗词背后的故事讲给你的爸爸妈妈和亲朋好友听，让他们分享你们的收获和快乐，同意吗？

生：同意！

师：好的，谢谢你们，下课！

生：老师再见！

师：同学们再见！

寒山寺的隐隐钟声

下 篇 世外桃源

这是一群中国古代文学史上的风流人物，他们经历了太多的波折和坎坷，却能宠辱不惊，在扰扰红尘中笑看风云，清谈人生。他们的诗作充满神秘和飘逸的印记，字里行间难掩骨气清奇的名士之风。字字皆学问，首首有玄机，一群神秘隐士用灵魂写就的经典之作，值得后世深深玩味，细细品评。

——《寻隐者不遇》课堂实录（上）

导读

《寻隐者不遇》是苦吟派诗人贾岛的著名诗作。要了解这首诗蕴含的独特的隐士文化，必须从诗人贾岛不寻常的人生开始。「郊寒岛瘦」的创作风格，半僧半俗的坎坷经历，「二句三年得，一吟双泪流」的执着精神，与韩愈「误打误撞」的相识，对理想孜孜以求的追逐，最终化作一首千古名篇《寻隐者不遇》。在这节课中，苏老师并没有具体讲解到这首诗，而是着重让学生走进贾岛其人，因为对于《寻隐者不遇》这样颇有深意的诗，只有知其人，方能真正解其诗。

师：同学们，今天我们要学习的仍然是大家耳熟能详的几首诗，之所以把它们放在一起来学习，是因为它们都涉及到一个非常神秘的话题，那就是——**隐士**（板书），或者叫**隐者**（板书）。知道什么是隐士、隐者么？

生：就是隐藏在山林里面的人。

生：是品德高尚的人。

生：是像神仙一样隐藏在山里，很有才华的人。

生：是一些很有才华，但是社会不承认，做不了官，所以才隐藏在山林里的人。

生：是很有才华，自己不想做官才隐藏在山里的人。

师：大家说得都有道理。我总结一下同学们刚才说的几个关键词：

隐藏山林、品德高尚、仙风道骨、才华横溢、怀才不遇、藐视权贵（板书）。

怎么样，还算精确吧？

生：（点头，赞叹）

师：好的，今天，苏老师就将为大家揭秘中国历史上神秘的隐士高人们，这些高人隐迹于山水之间，寄情于自然之中。但是他们的人生却充满了荡气回肠的传说和故事，而且通过他们的诗词，不动声色地表达出来。这些诗词也都是你们平日接触过的，但是你们可能并不知道它们背后的神秘故事。想听么？

生：（非常兴奋）想！

师：好的，大家的热情非常高涨。那么就让我们首先来学习今天的第一首诗，我就不让大家猜了，开门见山地告诉你，是贾岛的《**寻隐者不遇**》（板书）。学过么？

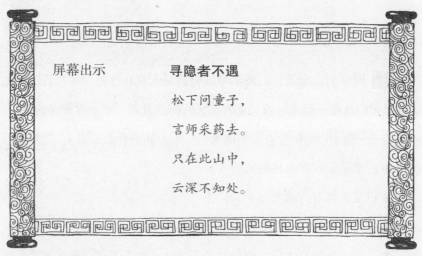

屏幕出示

寻隐者不遇

松下问童子，

言师采药去。

只在此山中，

云深不知处。

生：学过！

师：既然学过，我就要考考你，老规矩，你们对这首诗的作者**贾岛**（板书）了解多少呢？

生：是个和尚。

师：是个和尚，你只答对了一半，他是先僧后俗，先去当的和尚又去还俗。他跟一般人不一样，有一些诗人是看破红尘才去当了和尚，可是贾岛是因为身世十分贫寒，所以他是在生活困顿，走投无路的情况下做的和尚。而且他给自己取了一个法号叫做**无本**（板书），就是我们所说的"无本之木"，没有根的意思，证明自己无依无靠，非常落寞。

但是，非常特殊的经历让贾岛在佛门中过得也不是特别开心，后来机缘巧遇，贾岛又还俗了，所以我们说贾岛是半僧半俗。这也是为什么老师说刚才的同学你只说对了一半，不过也很好，毕竟你说出了别人不知道的事情。好，你们还对贾岛有了解么？

生："推敲"这个词跟他有关。

师：很好，"推敲"这个故事大家都很熟悉，但是你们恐怕不知道这个故事的背后还有故事，我一会儿再给大家细细讲来，一定会让你们大饱耳福。现在已经没有人举手发言了，看来大家对贾岛这位诗人的了解并不多。苏老师来给大家补充点新鲜内容。

首先，贾岛是个很特殊的诗人，历史上把他称作是**苦吟派**（板书）的诗人。看看这两个字——"苦吟"，什么意思呢？

生：苦苦地吟诵。

生：非常辛苦地吟诵。

师：没错，我们可以用贾岛的一首诗来表达对苦吟派的认识，你们看看是不是很确切。贾岛自己是这样说的："二句三年得，一吟双泪流。

知音如不赏，归卧故山丘。"（板书）什么意思呢？诗人说得很清楚了，为了两句诗，我要用三年的时间才能写出来，我一读一吟，眼泪就止不住地流下来，我真是太不容易了。写两句诗要用三年，很显然是夸张的说法，但是足以证明诗人的辛苦，每写一句都要绞尽脑汁，殚精竭虑，冥思苦想，是非常不容易的。

而后面的两句说得就更夸张了。先看"知音如不赏"，如果我三年辛辛苦苦写的这两句诗，读着读着把自己都感动地泪流满面了，我兴冲冲地拿给我的知音来看，他却说没什么大不了的，不欣赏我，那么我怎么办呢？我只能"归卧故山丘"，就是回老家睡大觉，归隐算了。这个就是苦吟派诗人的特点——执着得有点自虐。

生：（齐笑）

师：过分执着的创作方法，使得贾岛本人也一直体弱多病，你想想这么个折腾法，身体肯定不会好到哪里去。因为他一辈子都为诗所累，自己也得到了相应的雅号，被称作**"诗囚"**（板书），也就是说，他把自己困在诗的囚牢里苦苦煎熬着，痛并快乐着。还有人称他为**"诗奴"**（板书），说他是心甘情愿地作诗的奴隶，这些都是传说中贾岛的雅号。贾岛还有一个真正的号叫**"碣石山人"**（板书）。

有一次，贾岛到了一个叫"碣石寺"的寺庙里，看到寺里面有两个泉眼，被称作"双泉"，因为这两个泉眼里的水味道不一样，一苦一甜，所以使得碣石寺名扬天下。贾岛就在想，什么时候我的人生也能如这两眼清泉，在痛苦之后收获甘甜，苦尽甘来呢？我的人生什么时候能像碣石寺的双泉一样名扬天下呢？想到这里，他就给自己取了一个号叫做"碣石山人"，希望自己有一天能苦尽甘来，名扬天下。

提到贾岛这个人，我们肯定要提跟他相关的一个人物，你们猜猜他是谁？我提示一下，他写过一首非常有名的赞美母亲的诗，其中有两句堪称千古名句——"谁言寸草心，报得三春晖"。猜到了么？

生：（齐答）孟郊！

师：这首诗的题目叫？

生：《游子吟》！

师：非常好！如果从诗派的角度来看，孟郊也是苦吟派诗人。诗词里面好多诗人都是成对出现的，比如说唐诗的双子星座是谁？最有名的两位大诗人，并称为"李杜"。

生：李白和杜甫。

师：没错。唐代晚期还有"小李杜"，你们知道是谁吗？

生：李商隐和杜牧。

师：你太棒了，这个都难不倒你。所以说，提到贾岛，我们肯定要提到和他成双成对，并驾齐驱的那个诗人，就是孟郊。苏轼曾经写过一篇学术论文，前面他先提了另外两个人说**"元轻白俗"**（板书），接着又说**"郊寒岛瘦"**（板书）。苏轼的这篇文学评论叫《祭柳子玉文》（板书），其实写的是一篇祭文，但是在诗文中是对诗人的风格作了一个评价，而且评价得非常精准。

我们来看一下，苏轼在短短八个字里面，竟然说出来四位诗人的创作风格，可谓字字珠玑，你看他多厉害。

第一个"元"指的是**元稹**（板书），"白"指的是白居易，元稹和白居易在当时也是成对出现的，并称为**"元白"**（板书），这里就可以很清楚地看到了，元稹的文风非常轻盈，非常干净，非常轻松；白居易的文风则非常通俗。白居易这个平民诗人，传说每次写完诗后，都会给田间里不识字的老太太读。如果那个老太太说，我听懂了，那么白居易就会觉得我这个诗可以"新鲜出炉"了。如果老太太听不懂就回去修改，直到她听懂了为止。所以我们去看白居易的诗，非常浅显易懂，充满了一种通俗美。就像他曾经写过一首诗，叫《红线毯》，是讽刺贪官污吏的。说宣城的太守贪赃枉法，搜刮民财，把老百姓的钱财搜刮起来去织成红色的地毯，来摆阔气，讨好上司。而他们当地的老百姓在大冬天都穿不上衣服，个个饥寒交迫。白居易在诗中写道：**"宣城太守知不知？一丈毯，千两丝。地不知寒人要暖，少夺人衣做地衣！"**（板书）写得多犀利多直白啊！

宣城太守你知不知道，织一丈毯，要用千两丝。你把搜刮来的民脂民膏变成地毯铺到地上，有没有想过，这大冬天的，地是不知道冷暖的，而人却是要保暖要生活的，不要把老百姓的衣服夺来给不知冷暖的地铺地毯，做衣服。所以说，白居易的诗的确通俗易懂，包括我们背他的《琵琶行》、《长恨歌》这样的长诗都感觉朗朗上口。

这就是"元轻白俗"。再看苏轼评价苦吟派诗人的四个字——"郊寒岛瘦"。"郊"就是孟郊，"岛"就是贾岛。这一"寒"一"瘦"都是指他们的文风。孟郊的诗寒气逼人，贾岛的诗非常凄苦。这个"瘦"不是瘦弱的意思，是凄凉、清冷的意思。区区八个字，让我们感受到孟郊、贾岛与元稹、白居易完全不同的诗作风格。

提到贾岛的人生，我们还要提一个人物，就是他的"一字之师"——韩愈。贾岛的一生跟韩愈有着千丝万缕的联系。韩愈是唐朝非常著名的大诗人和大学者。首先我们看一下，为什么说韩愈是贾岛的"一字之师"？

之前同学们提到一个非常经典的词叫**"推敲"**（板书），我想之前老师们应该给大家讲过这个故事，贾岛在做和尚的时候，虽然不满足于这样的清规戒律，但是没有办法，身为一个僧人必须要恪尽职责，在寺庙里安心地参禅敲钟。

但是他太喜欢作诗了，只要一有时间就会冥思苦想地作诗。据史料记载，他一生最重要的财产只有两样东西：一样是一头小病驴，是贾岛的坐骑，病快快的跟自己长得很像；一样是一把破旧的古琴，寂寞的时候便弹弹琴，抒发一下自己的心情。闲来无事时贾岛喜欢骑着小病驴在路上边走边思索诗词，因为太过投入，曾发生过两起"交通事故"。

生：（笑，期待）

师：有一次，贾岛骑着小病驴恍恍惚惚的，迎头就撞上了达官贵人的马队。当时他正在思索着这样一句诗——**"落叶满长安"**（板书）。可怎么也想不出合适的上句了，就在小毛驴背上闭着眼睛冥思苦想。这个时候一阵秋风吹来，一阵清凉让他灵光一现。他脱口而出上句：**"秋风吹渭水"**（板书），还有一个版本是**"秋风生渭水"**（板书），都可以的。想出了这个上句之后，贾岛心情大好，沉醉其中。正在他如梦似幻的时候，小病驴撞上了一大队人马，不是别人，正是当时的市长，叫**刘栖楚**（板书），也是在历史上留名的文学家。但是这个人比较狂傲，非常不喜欢别人挑战他的权威。一看撞上他的，是坐在一头小病驴上的一个小病人，便差他的手下把贾岛给捉起来了。

贾岛就因为这一次的"交通事故"，付出了惨痛的代价，在小黑房里面被禁闭了十天十夜，等到被放出来的时候就病得更厉害了。这个故事正突出了苦吟派诗人"二句三年得"的执着劲儿。

再说第二次"交通事故"，这次是因祸得福，改变了贾岛的命运。

又有一次，他骑着小病驴出发了，又在思考两句诗，因为这次他去刚刚拜访了一位叫**李凝**（板书）的隐士的家，出来以后心绪难平，便写了一首诗来表达心中的感慨，这首诗叫做《题李凝幽居》。在思考这首诗的时候，贾岛非常纠结，因为有两句让他拿不准，就是著名的**"鸟宿池边树，僧敲月下门"**（板书）。关于这个"推门"还是"敲门"的问题，他反复酌量，闭着眼睛，摇头晃脑。这一思量不要紧，又撞上了迎面而来的一队人马。

不过贾岛这次运气非常好，他撞上了当时的大文豪、大学者**韩愈**（板书）。韩愈被他搅乱了阵营之后非常生气，就问来者何人，侍从就说是一个小病人，在摇头晃脑地吟诗。韩愈便问贾岛吟的是什么诗，贾岛如实说来，诗里有个字没有搞定，不知道该怎么办了。韩愈就说，不妨说来我听听。

韩愈也是一个很严谨的大学者，一听说"鸟宿池边树，僧敲月下门"这两句，马上说"敲"字好，因为能显示出夜的幽静来。之后，韩愈和贾岛，一个是爱惜人才的高官，一个才华纵横的贫僧，两个人成了好朋友。而且就是因为这次的相遇，韩愈给了贾岛一个非常诚恳的建议，既然你贾岛这么有才华，何苦伴着青灯古佛一辈子，心中有佛就可以了，何不还俗呢？于是，贾岛听从了韩愈的建议，真的还俗了。

还俗后的贾岛在韩愈的推荐下，一次次地考功名，但是贾岛很不幸，没考上什么好功名，只做了一个非常小的官，就是我们说的七品芝麻官。而且连这样的芝麻官都没有做长久。因为他主管的这个地方恰好就碰到了唐宣宗微服私巡，可是他非常一根筋，不会欺上瞒下，谄媚他的上级，所以没有人告诉他皇帝来微服私巡。皇帝穿着便装进了一座寺庙，便随手拿起经书，任意翻阅。贾岛刚好也在，他不知道眼前的这个人就是当朝的皇帝唐宣宗，因为他的官实在太小了，根本没机会见到皇帝。

史书上是这样记载的，贾岛居然一个箭步冲上去，跳上案台——他很瘦，所以身轻如燕——他一把把经书抢过来抱在怀里，大声地呵斥皇帝，把皇帝骂得半天没缓过神来。

生：（齐笑）

师：等皇帝缓过神来的时候，贾岛后悔也已经来不及了。皇帝龙颜大怒，把贾岛贬成了"长江主簿"，这是更小的一个官了，而且给了他一个**"坐飞谤"**（板书）的罪名。史料记载说："坐飞谤，贬长江主簿。"说他诽谤皇帝，被贬为长江主簿。这个可怜的贾岛，就这样一下子被贬到了更偏远的地方，说是做着官，其实衣食不饱，最后郁郁而终。

生：（惋惜）唉……

师：所以说贾岛一生是非常不容易的，正是这样看起来很凄凉的一生，使得贾岛这样一个半僧半俗之人的心中一直存在着对高洁理想的追求，因为他一直想实现自己的梦想，所以他才写下了这首《寻隐者不遇》。那么这首诗里究竟蕴藏着贾岛怎样的人生理想？由此又引申出了哪些有趣的隐士典故？欲知后事如何，且听下回分解。

导读

在过去的学习中，《寻隐者不遇》往往被解读成单纯的作者情绪变化和隐者高洁的思想，殊不知，这看似简单的四句中，句句都蕴藏着不为人知的深刻的文化符码，一旦破解，令人茅塞顿开。而关于隐士文化的深度拓展，又让贾岛的这首名作更加具备立体感，一连串隐士故事和历史典故，让学生在「耳朵旅行」中受益匪浅。打破传统的一诗一解，取而代之以纵横天下的大气和英气，这样的课堂境界，非苏老师而不能至。

师： 同学们，上节课我们用了一整节课的时间，来了解贾岛，目的就是为了走进这个苦吟派诗人的精神世界，为学习隐士文化奠定基础。这节课，就让我们走进贾岛的千古名篇《寻隐者不遇》，看看在这首短短二十个字的小诗里，蕴含着贾岛怎样的人生理想和哪些不为人知的故事。先问大家一个问题，之前你们是怎么学习这首诗的？你认为它表达了作者怎样的心情？

生： 老师之前讲的时候，告诉我们这首诗每一句都是诗人情绪的变化。"松下问童子"，说明诗人对寻找隐者充满了希望；"言师采药去"，说明诗人很失望，因为见不到隐者；"只在此山中"，说明诗人又有了希望，觉得可以找到；"云深不知处"，说明诗人又失望了。

师：你说得非常清楚，看来这首诗你当时学得非常认真。大家都是这么认为的么？

生：（点头）

师：好的，今天，苏老师就和大家重新来学习这首诗，让你们不仅了解贾岛的故事，更了解这首诗隐含的秘密。我们先来看一下这个题目，首先是一个"寻"字，给你什么感觉？

生：寻寻觅觅，找得很辛苦。

生：作者一定是为了什么目的才去寻找的。

师：是的，"寻"便是寻找，带着一种期待和目的。接下来看"隐者"这个词，上节课我们已经讨论过，隐者就是指隐居的人。隐者在诗词中都会有一种隐喻，就是品行高洁的人。这个题目最后还有一个词叫做"不遇"，之前我们学这首诗的时候，你是怎么理解"不遇"的？

生：觉得非常可惜，表达了没有见到隐者的惋惜之情。

生：有些郁闷和失望，找了半天没有找到。

师：这是同学们之前的理解。今天，苏老师请你换个角度来想想看。既然隐者是品德高尚的人，我们为什么不能把它看得更高远一点，隐者其实就是指作者的理想，换句话说，作者寻找隐者，其实就是在寻找自己的理想。

这个"不遇"在古诗词中也往往代表一种意向，一种符码。我们说，只有"不遇"才能看出隐者的高洁，理想的珍贵。如果你一遇一个准，一去他就坐在家门口等着你，那么我们说这个人就不是一个隐者了，至少不是真正的隐者。隐者就像我们的理想,它是可遇而不可求的。一次次的"不遇",才证明了真人不露相,理想不可及,才能证明真正意义上的高洁的人格。所以"不遇"就对了,"不遇"才是作者真正要表达的情感。正因为"不遇"才让作者感慨理想的神圣,并坚定了自己执着追求的信念。

好,接下来我们来看看这四句诗。首先,我们来看第一句**"松下问童子"**(板书)。这里面有一个非常特殊的地点,就是松下。诗人为什么说要在松下问,而不在柳下不在桃下问呢?

生:因为他去的那座山有很多松树。

师:仅此而已么?谁还有不同的想法?我提示一下,松树给你什么感觉?

生:松树很长寿,有仙气。

生:诗人要寻的隐者很神秘,松树给人神秘的感觉。

师:大家的想法已经有突破了,谁还有补充?

生:松树不畏严寒,很高洁。

师:说得太好了!而我们刚才说隐士往往都具备了高洁的品性,所以这里的松是有特殊含义的。在中国文化里面,有三种植物被称为文人的最爱,分别是松、梅、竹,被誉为"岁寒三友",因为在天寒地冻,别的植物都已凋零的时候,它们却格外的茂盛,足见其精神。只有在岁寒这样的天气里面,才能表现出它们的高洁来,所以古语有云:"岁寒,然后知松柏之后凋也。"

同样,"岁寒"也可以看作是人生的困境,松树也可以看作是隐士的高洁,所以"松下问童子"中的松树正表现了隐士的风度和气度,即越困苦越高洁。由此可见，作者的写作方法多么独特，既然写的是"寻隐者不遇"，他一定要把整首诗的细节与隐者的高洁联系在一起，于细微处见精神。

既然提到了"岁寒三友"，苏老师还要给大家补充一位跟梅花特别有感情的诗人，同时在中国历史上他也是一位非常有名的高人和隐士。这个隐士酷爱梅花，他的名字非常奇特，姓林，叫**林逋**（板书），很少见吧？他是宋代的一位学者和隐士。关于林逋，有一个非常有趣的典故叫做**"梅妻鹤子"**（板书）。

林逋隐居在深山里面，一生未娶，他钟爱梅花，便把梅花当成自己的妻子；他喜欢仙鹤，便把仙鹤当成自己的儿子。传说林逋特别喜欢在江上垂钓，所以说只要有朋友来，只要有人找林逋，他养的仙鹤就会扑腾腾地飞出去给他报信，说有人来看望他了。这时，在小舟上悠然垂钓的林逋，看到仙鹤朝自己飞来，他便会微微一笑，放下鱼竿，骑着仙鹤回家了。

这是一种多么令人羡慕的生活境界啊，我们今人都达不到，仙鹤像他的私人飞机一样。可以想象一个高士闲时垂钓碧溪之上，骑着自己的仙鹤回到自己家里待客，客人走后对着院里几树绽放清香的梅花，再喝上几杯清茶，然后驾鹤继续去垂钓，这就是非常让人羡慕的"梅妻鹤子"的生活。

因为林逋的品行非常高洁，即使隐居山林也名声赫赫，所以当时还特别受到了皇帝的褒奖。当时的皇帝是仁宗皇帝，就是我们所说的**宋仁宗**（板书），也是一个明君和仁主。仁宗皇帝非常欣赏林逋，不仅容许他过这样的生活，而且还支持他，还给他封了一个号，叫**"和靖先生"**（板书）。所以往后在史料里面，如果你看到和靖先生，便知道这个人就是林逋，一个以梅为妻、以鹤为子的充满传奇的世外高人。

我们再回过头来看《寻隐者不遇》的第一句"松下问童子"。我们说，之所以一定是要在松树下，而不是在柳树下或在桃树下，不仅因为这样就没有高洁的感觉了，还因为在中国的诗词里，不同的树往往代表不同的意义。

比如说在柳树下给人的感觉是离别，因为古人有一个习惯，一到分别的时候就习惯折柳送人，表达依依不舍之情。所以有一句诗是这样写的——**"羌笛何须怨杨柳"**（板书），这个"杨柳"就是一首非常哀怨的曲子，叫《折杨柳》，折下杨柳的枝条来送别朋友。

而桃树表达的是则另一些意思，比如说，其中之一就是爱情，像崔护（板书）的这句诗——**"人面不知何处去，桃花依旧笑春风"**（板书），讲述的就是一段和爱情有关的故事，时间关系，苏老师在这里就不多讲了，有机会大家感兴趣可以查一下这位诗人和这句诗背后的故事。

所以说，在《寻隐者不遇》这首诗的第一句中，"松下"这个地点是颇有深意的，显示出隐者高洁的情操。

我们再来看第二句**"言师采药去"**（板书），这里还有一个神奇的字——"药"。一提到药，我们往往会想到这样两种功能，一是治病救人，达到"药到病除"；二是养生保健，以求长生不老。那么，你认为，这位隐士上山采的药，究竟是治病救人还是养生保健呢？

生：应该是治病救人吧，因为他是个高尚的人，想帮助别人。

生：我觉得是养生保健，因为他已经隐居山林了，像神仙一样，想长生不老。

师：你们说得都有道理。在这首诗中，怎么理解这个"药"字，就能看到这个人的思想主张：如果是治病救人的药，我们称之为儒家的主张，因为儒家就是主张积极进取，改良社会；如果是长生不老的药，我们就称之为道家的思想，因为道家的思想非常悠游，而隐士中多数都崇尚道家的思想。他们希望就像"梅妻鹤子"的林逋先生一样，去过一种潇洒的生活，与世无争，独善其身，所以这里的药，我们更应看成是道家的药，是一种悠游的安贫乐道的生活。

下一句**"只在此山中"**（板书）是告诉采药的师傅只在这座山中，表面上说的好像是一座山，其实是说依然在尘世里。但是最经典的是最后这一句**"云深不知处"**（板书）。这里有一个特殊的意象，就是"云"，看到云给我们的感觉非常神秘高远。

在道家和隐士文化里，有八个字一定要记住，叫**"闲云野鹤，仙风道骨"**（板书）。一云一鹤是我们看到的道家、隐士最经典最浪漫的意象，而且闲云野鹤正好体现出仙风道骨。提到"云"，你还能想到哪几句经典的诗？

生：杜牧的《山行》："远上寒山石径斜，白云深处有人家。停车坐爱枫林晚，霜叶红于二月花。"

师：说得好！他的第二句"白云深处有人家"，跟贾岛说的"云深不知处"是一样的含义，证明白云深处的人家就是悠游的世外人家，住的是世外高人。还有其他的诗句么？

生：（无人应答）

师：想不起来了，没关系，苏老师再给大家补充几句。

首先是一副非常经典的对联，出自明代的学者**洪应明**（板书）编的一本书叫**《菜根谭》**（板书），上联是**"宠辱不惊，闲看庭前花开花落"**（板书）；下联是**"去留无意，漫随天外云卷云舒"**（板书）。这样一种宠辱不惊去留无意的情致，正是我们说的隐士的高洁。一个"云"字如天外之音叩响了我们的心扉，在天之外，在云之上，冥冥中坐着一位老者教诲我们要与世无争、珍爱自然。这就是高人带给我们的一种人生的理想。

除了洪应明，还有一位唐代的大诗人**王维**（板书），也写过一首类似的诗叫**《终南别业》**（板书），其中的两句是**"行到水穷处，坐看云起时"**（板书）。从这一句中，我们也能够感觉到"山穷水复疑无路，柳暗花明又一村"的人生的豁达。可能已经是山穷水尽了，但是在山穷水尽之处又看到了白云袅袅升起，又看到了新的希望。我们可以简单总结一下隐士诗篇里经常出现的意象："松"、"药"、"山"、"云"，它们所有的意象都象征了隐士的高洁隐逸。

所以我们说，《寻隐者不遇》，这么短小的一首诗，仅仅二十个字，就能让我们解读出这么多不同的味道来，可见诗人贾岛的匠心独运。将来如果再有人和你讨论这首诗，你可不要告诉他，仅仅是表达了诗人单纯的失望、希望，而是诗人追求梦想的过程，正是因为不遇，才会让隐士，也就是诗人的理想显得格外神秘和高洁。

接下来，苏老师再给大家补充一首《寻隐者不遇》的同题诗作，这是一位宋代的诗人，可能大家不太熟悉，他的名字叫做**魏野**（板书），他写的这首诗也叫《寻隐者不遇》：**"寻真误入蓬莱岛，香风不动松花老。采芝何处未归来，白云遍地无人扫。"**（板书）你看是不是与贾岛的诗有异曲同工之妙。我们看，"寻真误入蓬莱岛"，这里有一个词是"蓬莱"，知道蓬莱是什么意思么？

生：我知道蓬莱阁，传说是"八仙过海"出发的地方。

师：好的，但是这里的蓬莱指的并不是蓬莱阁。它是传说中的一座仙山，是道士们寻仙问道最向往的圣地。除蓬莱之外，还有一座仙山叫方壶，并称为"蓬壶二岛"，所以一提到这两座岛屿，我们都把它理解成为寻仙问道的地方。魏野说"寻真误入蓬莱岛"，是指在他寻仙问道的时候，不小心真的来到了蓬莱岛。"香风不动松花老"，是一种景物描写，来到蓬莱岛，感觉时间都凝滞住了。

后面的两句更美。"采芝何处未归来"，说居住在蓬莱仙岛的隐者还没有回来，他去采灵芝了。灵芝也是一种意象，跟"言师采药去"的"药"是一样的，有高洁隐逸的意思。最后一句"白云遍地无人扫"可谓神来之笔，跟"云深不知处"的意境如出一辙。我们想象一下，脚底下都是白云，这种腾云驾雾，飘飘欲仙的感觉是多么美妙啊！所以魏野的这首《寻隐者不遇》一定是受到贾岛的影响，才能写得这么传神。

除了魏野之外，在南朝时期，也有一个诗人写过一首类似的诗，读起来让人感觉神清气爽。这位诗人叫**陶弘景**（板书），他写的这首诗名字很有意思，叫做**《诏问山中何所有赋诗以答》**（板书），这题目看着长，但是我解释一下你们就不会感觉这么长了。我们把它分成两段来看，"诏问山中何所有"是一段，"赋诗以答"是一段。知道什么是"诏"么？

生：下诏。

师：那是谁下诏呀？

生：皇帝。

师：对，是皇帝。我们经常在电视剧里看到，"奉天承运，皇帝诏曰"，下诏一定是皇帝。这句话就告诉我们，这个陶弘景他是奉诏来作诗的，那奉的是谁的诏呢？是当朝皇帝的诏。那当时皇帝是谁呢？

当时这个皇帝是历史上有名的长寿皇帝——南朝的**梁武帝**（板书）。如果同学们去研究一下历史，就会发现在中国历史上，年龄超过八十岁的皇帝屈指可数，梁武帝就是其中的一个。因为梁武帝是中国历史上独一无二的**"佛家天子"**（板书），信奉佛教，慈悲为怀，所以得以颐养天年。——跟他同样长寿的还有两位皇帝，一位是著名的乾隆爷，另一位是著名的女皇武则天，这三个皇帝都是年过八十岁的。

梁武帝非常欣赏陶弘景的才华，于是数度派人请陶弘景出来做官。陶弘景一直隐居山林，数次婉拒皇帝的美意。说我就爱在山里呆着，我在这里隐居得很开心。梁武帝觉得很奇怪，于是就下诏说，请问山里面到底有什么好东西，让你陶弘景如此留恋，不肯出来做官呢？这就叫"诏问山中何所有"。于是陶弘景就奉诏赋一首诗来回答皇帝，这就叫"赋诗以答"。这样一分析，是不是这个看似很长很拗口的题目就很简单了。接下来，我们来看看这首诗是怎么写的。

第一句**"山中何所有"**（板书），相当于模仿皇帝的口吻说的。陶弘景答曰**"岭上多白云"**（板书）。前两句是一问一答，后两句则表明了诗人的心意：**"只可自怡悦，不堪持寄君。"**（板书）诗人说，这岭上的白云我只能自娱自乐，不能把它寄给你，因为也寄不出去。所以我写了这首诗来回答你，你就只能羡慕我吧，相当于和皇帝开了个小小的玩笑。皇帝看了以后，既羡慕又无奈，只能微微一笑，成全了陶弘景过世外高人的隐士生活的愿望。

说完了陶弘景，苏老师再给大家补充一个隐士中的公子哥。这个公子哥非常有意思，他出身名门，叫**王子猷**（板书）。听说过这个名字吗？

生：没有。

师：没听说过啊，不过我说他爹的名字你们肯定知道。他爹是中国书法史上最著名的大书法家，叫王羲之。王子猷就是王羲之的儿子，排行老五，"子猷"是他的字，他的名是"徽之"。我们来看看这个隐士公子哥的生活。王子猷是个性情中人，自由不羁。据史料中记载，他留下一个非常经典的故事叫**"雪夜访戴"**（板书），表现出他对山中高人的一种崇敬。

雪夜访戴的故事充满了戏剧性，就是因为这件事发生在狂浪不羁的王子猷身上，所以使这段同样是"寻隐者不遇"的经历更加离奇。这里的"戴"指当时的一位名士叫**戴逵**（板书）。

故事是这样的：王子猷有一天晚上睡觉，睡到半夜突然就醒了，史料中用了两个字来描写，就是**"眠觉"**（板书），突然间就睡醒了。王子猷就搓搓自己朦胧的睡眼，立刻叫自己的家仆赶快过来，把厨房的门打开，叫做**"开室"**（板书）。开了门后干什么呢？他让家仆给他赶快准备好酒菜，因为他在半夜突然酒兴大发，要豪饮一番，称之为**"命酒"**（板书）。准备好酒席后，王子猷看到累得几乎昏睡过去的家仆们，哈哈大笑，一边喝着小酒一边在庭院里面**"赏雪"**（板书）。

结果，赏着赏着竟然诗性大发，就开始**"咏诗"**（板书）。然后把这个诗词吟到了兴致深处，突然就想到去夜访一位叫戴逵的世外高人，他想把自己的诗和戴逵分享。但是问题是戴逵离他们家有多远呢？史料是这样记载的，他立刻纵身上了一条小船，称之为**"乘船"**（板书），然后在茫茫的夜色中朝戴逵家驶去。

这一驶就驶了大半宿，几个小时的行程，最后终于在天大亮的时候驶到了戴逵家的门口，称之为**"造门"**（板书）。这时候，王子猷看着大亮的天空，想着昨晚一夜的兴奋和辛劳，刚想敲开戴逵的大门，突然发现已经不需要去敲门了，觉得自己已经尽兴，可以从容离开了。于是，王子猷敲门的手就放了下来，乘着小船悠悠离去，称之为**"突返"**（板书）。

人们看到这个情境，有好事者就说你干嘛呀，你折腾了大半宿才来到戴逵家的门口，还没敲他的门，怎么就要走呢？王子猷就说，我是乘兴而来，兴尽而归。我来的时候很有兴致，满心的想法很有激情，但是当我行了一夜的船，到了他家门口的时候天已经亮了，我就没有这个兴致了，所以我就兴尽而归，也没有什么好遗憾的。

这就是王子猷非常有个性的"寻隐者不遇"。王子猷的一生都非常自由狂放，才华横溢却不慕虚荣，做什么事情都是随性而至，颇有名士之风，在历史上留下很多千古佳话。

说到这里，苏老师要给大家再补充一个很重要的点，在中国的历史上有很多很多的隐士，但有的是真隐，有的是假隐，什么叫真隐，什么叫假隐呢？像林逋，归隐山林以后就不再出山，什么功名利禄都不放在眼里，我们称之为真隐。换句话说，总是"不遇"的高洁之人我们称之为真隐。那么同样还有一些人称之为假隐，就是表面上隐居在山林里，其实满心就是想去当官发财，只是用这种方式，比较矫情地表现一下自己。

比如说举个例子，明代有一个非常有名的隐士，叫**陈继儒**（板书），他为什么非常有名呢？并不是因为他隐居在山林里，而是他时不时地就往达官贵人家里钻，并时不时地邀请达官贵人们做客，并且和当时的宰相交往甚密。大家说他为什么这样做啊？

生：他表面上是个高人，实际上他希望这些宰相有朝一日能在皇上面前美言他几句，说山中有高人，希望能请他出来做官。

师：说得真好！他的故事被人们熟知，民间便作了一首诗来讽刺他，其中有两句是这样说的：**"翩翩一只云间鹤，飞来飞去宰相家。"**（板书）意思一目了然，表面上你是一个高人，过着闲云野鹤的日子，隐居在山林里，可是你却老是往达官贵人家跑，分明是想表现自己，打点关系，借机会做官。这句诗讽刺的就是明代的假隐士陈继儒。

比陈继儒技高一筹的还有唐朝假隐士**卢藏用**（板书），他更高明，他先是用功考取功名，结果考中进士后他就隐身了。隐到哪里去了呢？隐到了长安附近的终南山，然后就开始在山里待着，等着别人来请他出去做官。皇上听说这个终南山的进士很有才，于是让人去请他出来做官。

卢藏用一开始就拿捏，不愿意出来，其实他并不是不愿意做官，实际上是嫌这个官小了，于是他就说："在下不才，恕在下不能赴任。"人们就开始揣测，说这个卢藏用的确是个人才，当官也不吸引他，于是皇上就不断给他加官，终于加到他满意的官职，他就从山里出来了，做了一个高官。

结果做了高官以后，没过多久，又有叫**司马承祯**（板书）的人，也是跟他一样，考取了功名。考取功名后，司马承祯也有归隐之心，准备隐居到天台山，卢藏用知道了，便建议他隐居到终南山，还说"此中大有嘉处。"司马承祯讽刺他："终南山的确是通向官场的便捷之道啊！"卢藏用感到很羞愧。于是根据这样一个典故，引申出今天的一个成语，叫**"终南捷径"**（板书），指求名利的最近门路，也比喻达到目的的便捷途径。

苏老师在这节课为大家补充了这么多内容，目的就是加深大家对隐士的印象。接下来，苏老师再给大家补充贾岛的另外一首诗，这首诗能体现出贾岛的另外一面。之前贾岛给我们的印象是病怏怏的，一个小病人骑着一头小病驴，给我们一种弱不禁风的感觉。可是贾岛也有一首非常男人的诗作，让人们对他刮目相看，叫做《剑客》：**"十年磨一剑，**

霜刃未曾试。今日把示君，谁有不平事！"（板书）霸气不霸气呀？

生：霸气，就像一个大侠。

师：的确，一个行侠仗义的剑客仿佛就矗立在我们眼前。这首诗虽然体现了贾岛男儿气概的一面，但是如果我们结合着贾岛的一生去看这首诗背后的含义，又会有另一种感慨。

这首诗其实是借寂寞孤独的剑客，来表达贾岛一直以来怀才不遇的命运。"十年磨一剑，霜刃未曾试"，贾岛把自己比做一把剑，十年未曾被人们赏识。"今日把示君，谁有不平事！"是说贾岛把自己的才能表现出来，希望能够得到赏识的愿望。这足以证明，贾岛非常虚弱的身体里，有一颗异常坚强的心，所以我们说，这首诗可以让我们看到诗人的另外一面。

好的，从贾岛的《寻隐者不遇》到《剑客》，这堂课我们就告一段落了。希望通过这堂课，大家能够记住贾岛这个不寻常的诗人，记住隐者文化中令我们动容的诗句。下节课，我们将走进另一首与隐者有关的诗作，带大家体会另一个隐者的神秘故事。欲知后事如何，且听下回分解。

第三节

红杏枝头春意闹

——《游园不值》课堂实录

导读

叶绍翁的《游园不值》，让我们记住了千古名句「春色满园关不住，一枝红杏出墙来」。殊不知，在这首诗的字里行间，还隐藏着作者对园子主人——一位隐士好友的知己之情。其间巧夺天工的遣词造句，细究下来，给人惊喜不断。而由千古名句纵横引申出的历代诗词更是令人目不暇接，叹为观止；加之对作者所属诗词流派的趣味解读，更显示出苏老师诗词课堂的独特魅力。

师： 上节课我们提到了贾岛的《寻隐者不遇》，让我们感受到了隐者的神秘和高洁。今天我们来继续学习一首和隐士有关的诗作。首先提示一下，大家猜猜是哪一首：同样是作者去拜访一位淡泊的隐士朋友，虽然没有拜访到，但是有意外的收获——看到一只非常美丽的红杏伸出墙来。

生： "一枝红杏出墙来"，是《游园不值》。

师： 恭喜这位同学，答对了，是**《游园不值》**（板书）！学过吗？

生： 学过。

135

红杏枝头春意闹

师： 看来又是一首"旧曾相识"的诗。那作者是谁呢？

生： 叶绍翁。

师： 没错，是叶绍翁。好的，我们先一起来读一下，重温一下这首诗。

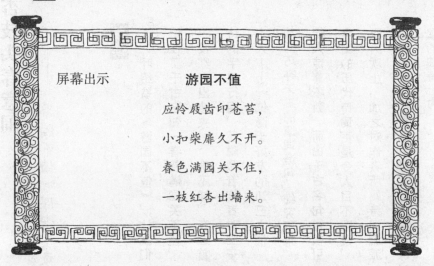

屏幕出示

游园不值

应怜屐齿印苍苔，

小扣柴扉久不开。

春色满园关不住，

一枝红杏出墙来。

生：（齐读）

师： 好的，谁还记得这首诗的作者是哪个朝代的？

生： 宋朝。

师： 能再说得确切一点么？

生： 是南宋诗人叶绍翁。

师： 非常好！首先，我们还是老规矩，先来看一下这首诗的创作背景，或者说了解一下这首诗的作者。对于叶绍翁，你了解多少呢？

生：（无人举手）

师： 看来大家当时学习这首诗的时候，对诗人没有做什么研究。这也很正常，因为对大家来说，叶绍翁远不像李白、杜甫、白居易这么有名，算是个"冷门诗人"了。好，既然这样，就让苏老师来简单介绍一下。

叶绍翁原来不姓叶，他姓李。他的祖上是一个比较富裕的大户人家，但是后来由于家道中落，到了叶绍翁这一代的时候呢，已经穷困潦倒，没有办法，只好把叶绍翁送到一个姓叶的人家去寄养，所以叶绍翁就跟着寄养的家庭改姓了叶。

叶绍翁的诗词在南宋时期还是赫赫有名的，而且他还归属于当时南宋的一个著名诗词流派。说到诗词流派，苏老师考考大家，上节课我们刚刚学过贾岛的诗，还记得贾岛属于哪个流派吗？

生：苦吟派，和孟郊并称为"郊寒岛瘦"。

师：说得好，看来上节课你真的是有所收获。宋朝也有自己的诗词流派，叶绍翁归属的这个派别名字非常有霸气，叫**江湖派**（板书）。

生：（惊叹，笑）

师：你们为什么那么开心？想到了什么？

生：他是不是和令狐冲一样，会绝世武功？

生：他是不是经常行侠仗义？

生：都说江湖中人三教九流，是不是叶绍翁也认识很多这样行走江湖的朋友？

师：呵呵，看来大家都把江湖派和武侠小说中的江湖中人联系到一起了。其实，我们说的是叶绍翁的诗作属于江湖派，并不是说他这个人浪迹江湖，处处行侠仗义。——你有问题么？

生：那为什么叫江湖派？

师：是啊，能写出《游园不值》这么一首清新唯美诗作的诗人，居然归属于江湖派，这就需要看看这个派别诗人的特点了。其实，一听这个名字就知道了，江湖派诗人最大的特点就是自由放浪，你写你的，我写我的，每个人的套路都不一样，就像武侠小说中的江湖，既有风格迥异的各大门派，又有自成一体的独行侠。每个诗人都有自己非常个性化的一面，这个派别可谓融合了当时社会的三教九流，所以我们对于这个派别不能用一种风格来总括。他们就是各成一体，内容形式杂糅，所以才统称为江湖派。

江湖派诗人创作涉及的内容非常广，有写隐士的，也有写贤士的，还有写关心民生疾苦的。除了叶绍翁之外，江湖派还有一位代表诗人，叫**许棐**（板书），他写过一首诗，在当时也引起了不小的反响。这首诗的题目非常有意思，叫**《泥孩儿》**（板书），听说过么？

生：（摇头）

师：什么叫"泥孩儿"？就是用泥巴做的小孩。这首诗其中有这么两句说：**"双罩红纱厨，娇立瓶花底。"**（板书）看到这两句，大家可能感觉没有什么大不了的，这不就是描述泥孩儿的样子吗？这个泥巴做的小人被层层地保护，放在非常精美的红纱厨子里；"娇立瓶花底"，而且这个小泥孩非常娇滴滴地站在这个花瓶的底部，就是我们现在通常看到的工艺品的样子。这两句确实没有什么，很平平，但下面两句就让我们非常动容了。我们来看，他描写了一个泥孩儿之后，又描写了一个真正的孩儿，就是我们所说的真人、活人。

那么他描述的这个孩儿是什么样子的？这是穷人家的孩子，"呱呱瘦于鬼"，哭得非常凄惨，瘦得就跟鬼一样；"弃卧桥巷间"，这么一个小婴儿，因为家里太穷，养不活，只得被父母抛弃了，横躺在冷冰冰的桥底下或者幽深的小巷子里。由此你感觉到了什么？

生：穷人的孩子真可怜，还赶不上富人家的泥孩儿。

生：它让我想起杜甫的一句诗："朱门酒肉臭，路有冻死骨。"

师：大家说得真好。这首诗最动人的地方其实是做了一个鲜明的对比，让我们感觉到，泥巴做的小孩儿并没有生命，仅仅作为工艺品，在富人家里都能得到如此精心的呵护；而真正的穷人家活生生的孩子，却食不果腹，衣不遮体，瘦得像鬼一样，嚎哭不已，而且还被父母无奈地抛弃在冰冷的桥巷间，无人理会，自生自灭。

短短几句话，没有华丽的语言，也没有深奥的词语，就靠前后两种截然不同的情景，让这首诗产生了一种撼人心魄的力量，这就是江湖派诗人的独特风格。看了这首诗，我们会想到之前提到的很多诗人，他们都擅长用对比的描写手法，来表达对劳动人民的疾苦。考考大家，你还能记得其中的几首么？

生：《陶者》："掏尽门前土，屋上无片瓦。十指不沾泥，鳞鳞居大厦。"

生：《蚕妇》："昨日入城市，归来泪满巾。遍身罗绮者，不是养蚕人。"

生：《江上渔者》："江上往来人，但爱鲈鱼美。君看一叶舟，出没风波里。"

师：能够学以致用，真好。许棐的《泥孩儿》一问世就在当时社会引起了极大的反响。后世评价说，这首诗真切地反映出了当时的社会现实，叫"人贱不如泥"（板书）。穷苦的人家非常卑微贫贱，还不如泥巴。这是江湖派带给我们的非常感人的诗作。这个派别的作品在今天已经不是特别多了，所以现存的名作更值得我们好好珍惜。

我们刚才提到了，江湖派的诗作风格各异，所以，叶绍翁的这首《游园不值》虽然与《泥孩儿》表达的思想截然不同，但仍不失为江湖派的经典之作。接下来就让我们好好研究一下叶绍翁的这首诗。首先我们要搞清楚题目中的一个问题，既然叫"游园不值"，那么叶绍翁游的是谁家的园？你们知道么？

生：应该是好朋友的吧。

师：没错，当然是好朋友的。苏老师通过查阅资料，得到了一些更具体的信息，这可是你们之前闻所未闻的，想知道么？

生：（非常兴奋）想！

师：好的，我也很乐意与大家分享。史料中是这样记载的，叶绍翁一辈子跟两个朋友关系特别"铁"，交往非常密切，其中一个叫**真德秀**（板书），另一个人叫**葛天民**（板书）。叶绍翁与真德秀交往非常密切，与葛天民互相酬唱——就是你写一首诗送给我，我写一首诗送给你，一个唱来一个和，好不自在。酬就是报酬，回报；唱就是唱和的意思。这里就出现了两个叶绍翁可能拜访的好朋友，到底叶绍翁拜访的是谁家的园子呢？

根据当时的史料记载，我们发现，写这首诗的时候，叶绍翁住在西湖边上，就是今天杭州的西湖这一带。此时，葛天民也住在西湖之畔，可谓近在咫尺。而真德秀呢？却远在福建为官。通过这一点，我们可以猜测，作者就算再有闲情逸致，也不太可能穿着木屐，从杭州千里迢迢徒步个把月到福建去敲真德秀的门，更何况之前没有约好，赶到后发现游园不值，也太夸张了吧？

生：（齐笑）

师：所以，叶绍翁十有八九去的是葛天民的园子。葛天民在当时也是大名鼎鼎的优雅之士，不慕权贵，幽然隐居。

题目的问题解决了，接下来，我们看看，在苏老师的课堂里，你将重新学到这首诗里哪些神奇的知识。首先看前两句："应怜屐齿印苍苔，小扣柴扉久不开。"我们之前学过这首诗,哪位同学愿意为大家简单解释一下这两句?

生:大概是主人非常怜惜自家的苍苔,怕我的鞋子在上面印上痕迹吧,所以,我轻轻地叩打着柴门,却久久没有人来开门。

师:解释得不错,看来之前学得蛮扎实。今天,在苏老师的课堂上,我们来重点看看这两句里内涵非常丰富的几个词语。比如说第一个,这个"屐"字,你们之前学过,是什么意思呢?

生:是"鞋"的意思,古人穿的鞋一般是木头做的鞋底,所以叫木屐。

师:没错。这个"屐"呢,可不寻常,诗人对它有着非常特殊的情感。在古诗词中,看到这个"屐"字,通常有闲适游赏之意。比如有这样两句诗:**"两屐上层楼,一目略千里。"**(板书)它跟"欲穷千里目,更上一层楼"的感觉是一样的,穿上木屐,登高望远,闲适游赏,对古人来说是人生一大幸事。除了这个"屐"字,这两句中还有几个词,同样有闲适宁静的含义,你能猜得出来吗?注意,光说出词不算,还要说明你的理由。

生:我觉得是"苍苔",只有很久没人去过的潮湿的地方,才会长出苍苔,证明很宁静。

生:我认为是"小扣",轻轻地敲,证明作者没什么急事,很悠闲自得。

生:我觉得"久"字也有闲适宁静的意思,作者敲了那么久的门,证明他非常悠闲,不着急,耐心等候,还可以证明周围很安静,否则他的注意力不会那么集中,慢悠悠地敲了那么久的门。

生:那这么说"印"字也可以,证明作者走得很慢很轻,很悠闲,一步一步的,顶多在苍苔上留个脚印,而不是踩坏掉。

师:大家的发言真令我刮目相看。你们小小年纪,就已经学会推敲、鉴赏诗词了，真是后生可畏啊！恭喜大家，你们说得都很对，很有道理。

下面，就让我们来解读其中的几个关键词。

第一个词是"苍苔"，在古典诗词里，只要出现这个词，通常也代表着一种意境，一种宁静之感。就像刚才那位同学说的，只要长满苍苔的地方，给我们的感觉是很久没有人来过了，非常宁静幽深。比如说古人有这样一句诗——**"春来不是人慵扫，为惜苍苔衬落花。"**（板书）说的就是这个意境：暮春时节，整个地上到处都是落花落叶，不是人懒得打扫，而是主人家怜惜青绿的苍苔和清冷的落花，怕破坏这优雅的意境。这是多么唯美的画面啊，我们想象一下，一场春雨过后，走进一家深深的小院，看到铺满一地的落花，还有青青的苍苔，你有什么感觉？

生：很宁静，很舒服。

生：有一点忧伤，让我想起苏老师之前讲过的"夜来风雨声，花落知多少"。

师：是啊，我们会感觉到忧伤宁静之意。相反，如果我们走进一家小院，发现里面打扫得干干净净，满眼尽是水泥地板，给你的感觉怎么样？

生：（笑）没感觉，像我们教室。

师：是啊，兴致全无。所以，"苍苔"一词的意境由此可见一斑。接下来，我们再看下一句"小扣柴扉久不开"。"小扣"在古诗中也有宁静幽寂之意。我们想象一下，如果周围特别嘈杂，比如在自由市场上去敲人家的门，恐怕得手脚并用才能敲开。而如果在一个非常宁静的地方，一个白云深处的地方，你只能用"小扣"，轻轻地、一下一下地去敲，显示出一种教养，一种情致来。

这里还有一个词，叫做"柴扉"，"柴扉"就是"柴门"，也是一种意象，在中国诗词里面，也经常出现。一般我们觉得柴扉给人的感觉是清贫，对吧？大户人家叫什么？叫朱门。杜甫有诗云"朱门酒肉臭"。那么小户人家就叫"柴扉"。而对于隐士高人来说，他们也都喜欢住在柴门之内，以显示自己的高洁和飘逸。所以，柴扉往往有高洁、清贫、优雅之意。那么，跟柴扉有关的诗词，你还能说出其他的么？

生：柴门闻犬吠，风雪夜归人。

师：非常好，这是山里人家冬日的温暖。还有一首诗，王维写的，叫做"山中相送罢……"

生：（无人应答）

师：没学过吗？

生：没有。

师：没有？那请大家记下来吧。"山中相送罢，日暮掩柴扉。"（板书）讲的也是山中访友，朋友之间出来相送；"日暮掩柴扉"，写得多么美好，一线暖暖的夕阳照进幽深的柴门，正如朋友间的友情质朴单纯，尽在不言中。

好，下面我们来总结一下前两句中的几个关键词："屐"、"苍苔"、"小扣"、"柴扉"，它们都有的特殊含义——"屐"代表的是游赏，"苍苔"是宁静，"小扣"也是闲适，"柴扉"是清贫雅士。这两句给我们的感觉是，宁静致远而不荒凉，清贫淡泊而不失优雅。这两句告诉我们，作者去拜访一位高洁之士，他虽不在家，但其闲适优雅的生活态度却跃然纸上。我们再来看后面这两句，更是有意思，是不折不扣的千古名句："春色满园关不住，一枝红杏出墙来。"这句中有两个词是意思相反的，发现了么？

生：一个是"关"，一个是"出"。

师： 说得好！一"关"一"出"，给我们的感觉是什么呢？

生： 感觉红杏像在"越狱"，拼命冲出监牢。

生： 感觉一个是拼命地想关住，一个是拼命地想冲出来，有一种非常强烈的对比。

生： 感觉红杏很有力量，它就代表了春天，想关住它是不可能的。

师： 大家说得很好，这一"关"一"出"，形成了强烈的对比和冲突。就像一场战斗，或者说，一次越狱，有一种力量的抗衡之美。而且满园的春色，给我们的感觉又是什么？满目的苍翠，可以看作是"万绿"。而一枝红杏，则可以看做"一点红"，所以，当"一枝红杏出墙来"的时候，我们又可以看作是**"万绿丛中一点红"**（板书）。这样一来，一"绿"一"红"，一"关"一"出"，双重对比，写出了一个非常热闹和震撼的场面：一枝红杏冲破了重重阻力和障碍，最终获得生命的力量，让作者看到了春天的绚丽和美好。

这就是我们之前学这首诗时，最后总结出的一句话：美的事物，新生力量是不可阻挡，不能被束缚住的。就像我们在座的每一位同学，你们都有自己年轻的梦想，无论现在还是将来，你们都应该冲破重重阻碍，为实现梦想而努力，为自己的未来去打拼，就像冲出篱墙的红杏一样。

接下来，我们就要围绕着这个千古名句，给大家做一个延展。

苏老师要给大家几组诗，让你们充分领略到叶绍翁的这两句千古名句有多么深远的影响。无论跟这两句诗意近的，还是形近的，或是神似的，都有诗人写过。那么，首先来看一看，跟他的意思相近的有哪一些诗。第一句是唐朝诗人刘禹锡的，我说上句，如果你知道，可以来对下一句。

"沉舟侧畔千帆过——"

生：病树前头万木春。

师：说得好！**"沉舟侧畔千帆过，病树前头万木春。"**（板书）这一句跟"春色满园关不住，一枝红杏出墙来"意境很像，都表达了新事物力量的不可阻挡。好，第二句，同样，唐朝的诗人，王湾的作品。"海日生残夜——"

生：江春入旧年。

师：非常棒！大家的诗词积累量真不少。**"海日生残夜，江春入旧年。"**（板书）简单地看一下刚才的这几句诗，我们把它们称之为意近，即意思很接近叶绍翁的千古名句。

前边第一句"沉舟侧畔千帆过，病树前头万木春"，这让我们感觉到，前边的沉舟，已是老朽之木了，而代表新生力量的新船却丝毫不停息，千帆竞发，场面宏大；老病的树已经毫无生机，但是他们的前头却是万木争春，一派生机勃勃。"海日生残夜，江春入旧年"也表达了同样的意境。在一个残落的夜晚，海上一轮明日冉冉升起，带给人们新的希望。同样，"江春入旧年"，辞别旧的一年固然伤感，却迎来了崭新的春天，也说明了新生事物、美好事物的不可阻挡。这是意近的几句。

接下来我们再来看形近的几句。还是老规矩，我说上句，如果你知道，就请回答下句。第一句，是南宋诗人陆游的。上句是**"杨柳不遮春色断"**（板书），下一句谁知道？

生：（无人应答）

师：看来这首诗大家比较陌生，没关系，我写出来，大家一定就再也忘不了了。因为这一句跟叶绍翁的实在是太像了，甚至有人说叶绍翁是抄陆游的，它的下句就是**"一支红杏出墙头"**（板书）。是不是太像了？

生：（惊叹）

师： 按出生年代，陆游是在叶绍翁前边的，他的这首诗作也写在叶绍翁之前，所以有学者说叶绍翁有抄袭陆游的嫌疑，因为实在太像了，只是一字之差，说形近绝对没问题。这个抄袭的问题我们暂且不论，但叶绍翁把这两句变成千古名句可是不争的事实。好，接下来，还有另外一位诗人，这个诗人是唐朝的，估计你也不太认识他，叫吴融，他也写过一句诗，跟叶绍翁的非常形近，叫做**"一支红杏出墙头，墙外行人正独愁"**（板书）。我发现有同学在皱眉头，你想说什么？

生： 老师，我觉得你说得不对，这句诗的前一句和陆游的一模一样，应该说和陆游的形近，而不是叶绍翁的。

师： 你也有话说么？

生： 因为唐朝在宋朝之前，这样说，我觉得应该是陆游抄吴融的，叶绍翁抄陆游的，吴融才是这句诗的原创。

师： 呵呵，大家这一争论，已经上升到文学评论的高度了。你们能有自己的观点和见解，而且勇于表达，真了不起。其实，就这一句而言，究竟是古人相互抄袭、借鉴还是灵感所至，心有灵犀，如有雷同，纯属巧合，我们已经无法回到这个时代向古人们求证了。我们只能说，这几位诗人写得都颇为形近，而叶绍翁则是表达得最完美最精彩的一个。所以，后人才会铭记叶绍翁的这两句千古绝句。

接下来，苏老师要给大家推荐最经典的也是最后一首诗，你一定要记住它，我本人非常喜欢，相信你们也会爱上它。因为这首诗与叶绍翁的千古名句极为神似。跟前面的诗句的意近和形近相比，它是神似，更高了一层境界。

这就是宋朝著名诗人杨万里的《桂源铺》（板书）。这首诗形神兼备，有着与叶绍翁相媲美的力量。我们一起来看前两句：**"万山不许一**

溪奔，拦得溪声日夜喧。"（板书）什么意思呢？

你看，万山，一万座山，说明山很多，很高大，那么多的山就不许一条小溪奔流，它们认为小溪的力量非常柔弱，所以每一座山都想拦住小溪；而一遇到这些山的阻碍，小溪就要激起水花，所以给我们的感觉就是，在群山的阻拦下，小溪溅起的水花声日夜喧闹。而最后两句非常经典：**"到得前头山脚尽，堂堂溪水出前村。"**（板书）话锋一转，令人豁然开朗。当前边的万山用尽所有的方式不让小溪去奔流，而且拦得溪水声日夜喧闹，等到真正来到山脚下，我们却发现，"堂堂溪水出前村"。

"堂堂"这两个字用得特别好，溪水昂首挺胸地流出了前村，把所有群山抛在身后，用一种看似柔弱微小却骄傲的力量战胜了貌似强大的万山，告诉世人，以柔克刚，滴水穿石，新生事物的力量是无法阻挡的，顽强的生命也是无法阻挡的。所以说，"堂堂溪水出前村"，正好对应了"一枝红杏出墙来"，可见新生力量的强大。

最后还要补充一点，这个"一枝红杏出墙来"引申为今天的一个成语叫做"红杏出墙"（板书）。这个成语的意思和诗句大不一样，变成了女孩子或者说女人家不守妇道，不守规矩的含义，所以千万不要乱用。不要说，年轻人，你很优秀，很有力量，所以你可以红杏出墙。

生：（齐笑）

师：中国的语言文化博大精深，有很多的诗词或者古文变成成语以后就会有变化，这个要特别注意。下节课，我们将走进隐士中的另一个传奇人物，他的故事可以用"荡气回肠"来形容，他的人生可以用"石破天惊"来描述。很期待吧？欲知后事如何，且听下回分解。

第四节

披蓑戴笠的「烟波钓徒」
——《渔歌子》课堂实录（上）

导读

一首《渔歌子》，让我们认识了唐代诗人张志和。而这首看似明丽的小词背后，却隐含着诗人不为人知的人生经历。一个个颇有深意的意象，一个个引申出无数精彩典故的问题，从张旭到陶渊明，从陆羽到刘伶，历朝名士闪亮登场，为的都是印证张志和的人生境界，万千风流。苏老师何以能驾驭如此大容量而又高质量的课堂？让我们亲临现场，一探究竟。

师： 在中国历史上，两个群体向来被认为是隐士中的高人，一个是"渔"，还有一个是"樵"。"渔"指的是渔夫，"樵"指的是樵夫。当然，这里的渔夫和樵夫不是我们平常看到的普通老百姓，而是化身这两个角色的世外高人，隐者名士。所以在中国的古代十大名曲中，就有一首叫做《渔樵问答》（板书），指的是一个渔夫和一个樵夫的问答，充满了人生的智慧。

今天要和大家分享的，是其中的一个群体——渔夫的逍遥生活。首先来提示一下大家，你们猜猜看是哪一首诗词。这首诗，确切地说是这首词的作者，是一位唐朝的诗人，这首词表现的在夏天垂钓时的一种逍遥，是斜风细雨中的垂钓。

生：《渔歌子》。

师：很好，就是《渔歌子》（板书），作者是？

生：张志和。

师：学过么？

生：学过！

师：好的，既然学过，就让我们先一起来背一背吧。

生：（背诵）

师：多美的一首词啊。

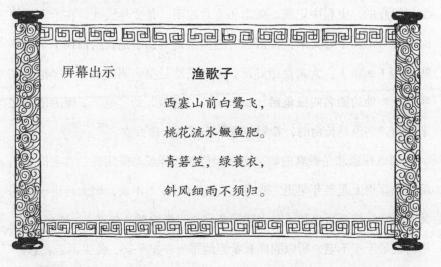

屏幕出示

渔歌子

西塞山前白鹭飞，

桃花流水鳜鱼肥。

青箬笠，绿蓑衣，

斜风细雨不须归。

师：我们看一下这首《渔歌子》，在学习之前，我们仍然是老规矩，你对张志和了解多少？

生：张志和是唐朝诗人。

师：谢谢你，但这个刚才说过了，还有补充么？

生：他是个隐士。

师：呵呵，这个自然，张志和是个世外高人，是个隐士，毋庸置疑，我们今天讲的都是隐士。看来大家对张志和知之甚少。这不奇怪，他在唐朝比起李白杜甫的诗名自然逊色不少，但他绝对也称得上是个有个性，值得了解和铭记的诗人。今天，苏老师就为大家先补上他身世这一课。

张志和的父亲叫张游朝，游就是游荡的游。他父亲这一生，还真的是游手好闲，一辈子闲居在家，没做出什么惊天动地、名垂青史的事情，就是我们所说的是隐士世家。虽然他父亲闲居，但不是一个废人。因为他父亲非常"清真好道"，与世无争，仙风道骨，是隐士中的"真隐"。

张志和颇受这种家庭氛围的影响。在十六岁之前，张志和可以说是少年得意的。史料中记载，张志和非常聪明，是少年天才，在十六岁的时候就写得一手好文章，常被当时的皇帝赞赏，于是就给他赐了个名字叫**志和**（板书）。大家会很好奇，志和既然是皇帝赐的名字，那他原名叫什么？他的原名叫**张龟龄**（板书），"乌龟"的"龟"。因为他的父亲认为，乌龟是长命的，希望他像乌龟那样长命百岁。

那么张志和是否真的如父亲所期待的那样长命安康呢？答案恰恰相反，他算得上是英年早逝。这件事我们暂时按下不表，回头再讲。他的父亲同样给他哥哥也起了个吉祥的名字，叫**张松龄**（板书）。顾名思义，松树也是千年不老，所以同样有希望他哥哥岁岁平安、长生不老之意。

既然张志和在少年时期就可以得到皇帝御赐的名字，可见其才华之卓尔不群。

但就是这样一个少年天才，却因为自己的性格原因并没有在仕途上走多远，张志和很快发现自己不适合在官场，于是他决定放弃仕途，退隐江湖，从此就在江湖上浪荡，只做一件事情，就是临江垂钓。所以他自己给自己起了个雅号叫"烟波钓徒"。

大家可以想象一下，浩渺的烟波之上，张志和悠哉悠哉，在这里独自垂钓，是多么浪漫的一幅图画。皇帝感念于张志和年少的才华，得知张志和执意归隐江湖以后，不仅不怪罪他，还赐予他一男一女奴婢一双，让他们俩终身侍奉张志和。

但是张志和生性自由，并不去使唤这对奴婢，相反做了个浪漫的决定，由他做主给这对奴婢成了亲，还赐了名，女孩叫**渔童**（板书），男孩叫**樵青**（板书）。就这样，二人结为夫妇，然后生子，过着普通百姓一样安然幸福的生活。大家看，从这两个名字里面，你能感觉到什么？

生："渔童"的"渔"就是隐士中的渔夫，"樵青"的"樵"就是隐士中的樵夫。说明张志和是个真正的隐士，也希望他的奴婢过隐士的生活。

师：说得真好。我们看，这两个名字其实就代表了诗人的一种人生境界，所以我们不难看出，张志和是个极其浪漫悠游之人。除了"烟波钓徒"外，他还给自己起了另外一个更高深玄妙的号，**叫做"玄真子"**（板书）。他的这个号取自于他自己著的一本集子，题目就叫《玄真子》。后世人看这部著作的时候，给了他一个非常经典的评价：**"著作玄妙，为神仙中人。"**（板书）

很显然，这句评价的前半部分是针对著作，后半部分则是针对张志和本人，说玄真子，也就是张志和简直就是神仙下凡。那么后人的评价是否属实呢？我们说，至少是有据可依的。

我们就来看一看为什么叫张志和为神仙。有一本古书叫《续仙传》（板书），其中就有这么一段话来说张志和的神奇，我们来看看是不是有够玄的。书中说张志和"饮酒三斗不醉"，这个酒量是好生了得。如果这个还不足够震撼的话，下面这个描述就绝对神奇了，说张志和**"卧雪不寒，入水不濡"**（板书）。什么意思呢？他冬天可以直接在躺在冰雪上睡觉不觉得寒冷，到了水里面居然水不湿身，一点水珠都没有，是不是太神奇了？这就是古书中对张志和成仙的描述。那么张志和真的这么神吗？我们后面将通过一系列鲜为人知的故事给大家揭开谜底。

说了这个多，接下来我们就回过头来看一看，作为一个世外高人，张志和在代表作《渔歌子》中有哪些你不知道的经典内容。

首先我们来看第一句"西塞山前白鹭飞"，这里有几个非常有意思的词。我们先看"西塞山"，你们知道西塞山在哪里么？

生：（摇头）

师：西塞山在今天的浙江省吴兴区内。今天吴兴区内有八处著名的旅游景点，被称作**"吴兴八景"**（板书），其中之一就叫做**"西塞晚渔"**（板书），而正是张志和的这首《渔歌子》成就了这一景。在西塞山这座风光秀丽的山前，飞起了一种非常高贵的鸟，这种鸟叫做白鹭。

提到白鹭，我们就要回顾一下了，之前我们学了好多吉祥的鸟，白鹭也是其中之一。一提到白鹭，我们就会想象征着纯洁、闲适、高贵的人格，还有让人心旷神怡的美景。比如说你能想到哪句与白鹭有关的诗？

生：两个黄鹂鸣翠柳，一行白鹭上青天。

生：三山半落青天外，二水中分白鹭洲。

师：大家平日的积累真不少。接下来我们来看第二句："桃花流水鳜鱼肥"。这一句更是来头不小。这个鳜鱼没有太多可说的，它是一种肉质肥美的鱼类。但是作者去垂钓真的就是为了钓鳜鱼回家满足胃口吗？其实不是，他的重点在前面的四个字——"桃花流水"。你们猜一猜，桃花流水代表的意象是什么？

生：夏天。

生：爱情。

生：美好的景色。

师：我现在给大补充另外一位诗人和他的一首诗，看大家能不能猜出来这四个字的含义。这个人是中国唐代非常著名的书法家，他写的一首诗和"桃花流水"有着非常直接的联系，这个书法家是以写狂草而著名的，叫**张旭**（板书）。张旭写的这首诗，题目就叫**《桃花溪》**（板书）。我们先来了解一下张旭其人。

刚刚提到张旭是中国唐朝著名的书法家，以狂草而出名。他的影响力到什么程度？举个例子大家就明白了。

唐朝的文宗皇帝曾经专门下诏，昭告天下说唐朝有三宝，其中一宝就是张旭的狂草，第二宝是李白的诗，第三宝就是裴旻的剑，把这三个人的成就合起来就叫做"唐代三绝"。如此看来，张旭的书法是被看作国宝级的艺术。

一般情况下，写狂草的人都是很狂放的，张旭也不例外。那张旭狂放到什么程度呢？他特别喜欢喝酒，喝完酒就手舞足蹈，兴奋不已，甚至把头发散开，一边大声呼啸一边用头发沾着墨汁在墙上一顿狂舞，舞完以后就是一幅惊天的作品。而等他醒过来之后，连自己都觉得不可思议，再也写不出这么出神入化的作品了，所以大家又把张旭称作张颠。跟他同一时期的还有一个僧人，也写得一手惊为天人的狂草，且嗜酒如命，不醉不书，名字叫怀素。张颠和怀素这两个人的书法作品在当时以至于在后世，都影响甚大，于是人们把这二人在书法史上并称，叫做**"颠张醉素"**（板书）。

可是，就是这么外表狂放的张旭，内心却温柔无比，写出了这么一首温婉的《桃花溪》，让我们不得不感慨。其中有千古名句：**"桃花尽日随流水，洞在清溪何处边？"**（板书）这两句所描写的意境和《渔歌子》中桃花流水的意境是非常相似的。我们简单地翻译一下，就是桃花随着流水一路漂流，诗人不禁要问，那洞口究竟在溪流的什么地方呢？诗人所描述的这个情景，其实又和另一位晋代的大学者，大诗人笔下的故事有关，他的名字叫**陶渊明**（板书）。这部作品的名字叫**《桃花源记》**（板书）。有知道这个故事的么？

生：（摇头）

师：好的，那苏老师就简单讲一下这个故事。说的是魏晋时期，一个武陵的渔人，在捕鱼回来的路上迷路了，发现了不远处的山那面有一个洞口，仿佛有微微的光透出来。

这个渔人便把船放在一边，从洞口进入。进去之后，就发现果真是芳草鲜美，落英缤纷，一派迷人的景色。走着走着，渔人就发现越往前走，就变得越豁然开朗，来到了一个之前完全没有见到过的地方。到处都是整齐的屋舍，纵横的小路，一眼望不到边的稻田。而且人们无论男女老少，都乐呵呵的，生活得特别开心。

更让他意想不到的是，他刚走进这个神秘美丽的村子，就受到大家的热情款待。这些素未谋面的村民们，纷纷邀请他到自己家里吃饭，拿出最好的东西招待他，大家都是争着抢着让他去做客，这个渔人真是受宠若惊。

在吃饭的时候，渔人发现一个很奇怪的事情，这些人居然活在完全与世隔绝的世界中，根本不知道有汉朝，更不用说有魏晋这回事了。这一点让渔人感到非常奇怪和惊诧，难不成你们真的是与世隔绝，就像活在外星球吗？

这些人说，其实是秦朝战乱的时候，老祖宗把我们带到这片世外桃源的，一直在这生存繁衍，所以我们没有见到过外面的世界，我们自己在这里活得很开心。临走的时候，村民们一再嘱咐这个渔人，千万不要去跟外面的人讲他今天的奇遇，如果这片世外桃源被发现的话，村民们就再也不能过太平的日子了，甚至有被灭门的惨祸。渔人满口答应着，然后就找到自己的船顺着路往回走。

但是狡猾的渔人背信弃义，一路上留下些记号，然后回去以后立刻去告诉了地方太守，说了自己的神奇经历，想得到些奖赏。这个地方官带了很多士兵去找这个地方，想将其占为己有。但是神奇的是，这些人去了之后就都迷失了方向。之后历朝历代都有很多高尚的人去找这个地方，但同样都没有找到。

《桃花源记》里的这个故事引申为我们今天的一个概念，叫做"世外桃源"，指人世间无以伦比的美好境地。

那现在我们就可以理解了，"桃花尽日随流水，洞在清溪何处边"中诗人想表达的，就是要随着桃花流水，去寻求梦中的世外桃源。所以，说到桃花流水，我们说，它指代的就是人世间最美好的境地——桃花源，世外桃源，一个最理想的人生境界。如果你们读过金庸的小说，有一部作品非常有名，叫做《射雕英雄传》。里面有一个人物叫黄蓉，她的父亲就住在桃花岛上，与世隔绝，满眼都是纷飞的桃花，淙淙的流水，也预示着是一个世外桃源般的地方。

现在大家应该明白作者张志和笔下的"桃花流水"的真正含义了，他所向往的，正是和张旭、陶渊明一样的世外桃源般的生活。

接下来，顺着这句诗，苏老师再补充一首关于桃花流水的诗。作者是大名鼎鼎的诗仙李白，题目叫做《山中问答》（板书），就是在山中的一问一答。我们一起来看一下这首诗。

（屏幕出示《山中问答》："问余何意栖碧山，笑而不答心自闲。桃花流水窅然去，别有天地非人间。"）

师：第一句"问余何意栖碧山"，这显然是在问，意思是，有人问我，你为什么要呆在这座青山上呢？诗人则"笑而不答心自闲"，意思是，我心中有数，但不回答，心中充满了一片闲适悠然之情。后面两句是千古名句，大家可以记下来——"桃花流水窅然去，别有天地非人间。"这里面又出现了"桃花流水"的经典意象，虽然诗人笑而不答心自闲，其实心中早已经有答案了，那便是"桃花流水窅然去"，这个"窅然"是什么意思呢？

中国的造字是很神奇的，这个"窅"字分上下两部分，上面是一个穴，穴这个偏旁最常见的就是"空"字；下面是一个目，上下连起来就是"目空一切"。所以"窅然"就是目空一切的样子，非常悠游，什么都不放在眼里的样子，可见诗人是多么豁达豪迈。

最后一句"别有天地非人间"，意思是这个山上是别有天地的，像世外桃源，不是普通的凡夫俗子所能感受到的。就像之前我们提到的一首隐士诗里，也是一问一答，还记得么？

生：山中何所有？岭上多白云。只可自怡悦，不堪持寄君。

师：没错，表达的是同样的意思。以后大家如果在诗中再看到"桃花流水"这四个字，就知道可能蕴藏了一层"世外桃源"的独特含义。接下来我们再来看下一句，"青箬笠、绿蓑衣，斜风细雨不须归"，在这里我们主要研究的一个问题就是：为什么张志和说"不须归"？

生：因为他戴着斗笠，穿着蓑衣。

生：因为是斜风细雨，风雨都不大，不会被淋湿，不会耽误他垂钓。

生：他想钓更多的鱼。

师：这只是表面的意思，再想想看。

生：他沉醉其中，不想回家。他觉得这里已经是他的家了。

师：说得好！为什么他觉得这里是他的家？其实你已经回答到了很精华的一点了，但是你没有说清楚。

生：桃花流水，世外桃源，心向往之。

师：你总结得很有诗意，你的思维方式与众不同，将来必成大器。我们再来仔细研究一下作者"不须归"的原因。世外桃源是他心里向往的家，是吗？好，这是其中的一点。其实最经典的是在这两个字上，一个"青"，一个"绿"。"青箬笠，绿蓑衣"，一"青"一"绿"本来就是自然的颜色，而这些世外高人，他们本身就是以大自然为家的，所以对诗人而言，他已经在家里了，又何须归？

通过前面对张志和的介绍，我们能感觉到，这个"烟波钓徒"向来都是以天地自然为家的，而且很多真隐士，世外高人莫不如此。像之前我们说的，非常让人羡慕的"梅妻鹤子"的林逋。我们再给大家补充一段关于张志和的很有意思的对话。

其实学习诗词是很神奇的一件事情，因为我们会发现，在同一时期竟有那么多了不起、志趣相投的人物，曾经坐到一张桌子上饮酒聊天；如果我们不学，或者用单调的方式学，就把他们生生都隔离开了，而忽略了他们彼此的联系。像我们之前提到的包拯啊，王安石啊，苏洵啊，竟然都曾经坐在一张桌子上喝酒。

同样，在唐朝张志和的生活年代，也有一个人和张志和的关系很好，也很有名，他是中国历史上最有名的研究茶的人，被称之为**"茶圣"**（板书），知道这个人是谁吗？

　　生：陆羽。

　　师：你太棒了！他就是**陆羽**（板书）。那么我们来看一下，陆羽以著世界上第一部茶叶专著——《茶经》闻名于世，他和张志和是很好的朋友。史料中记载，有一次"茶圣"陆羽来跟张志和聊天，陆羽就问张志和这样一个问题，你看我天天和你在一起玩，那么除了我之外，你还和谁有来往？张志和是这么回答的，很有意思。他说，**"太虚作室而共居，夜月为灯以同照，与四海诸公未尝离别，有何往来？"**（板书），说的是什么意思呢？

　　"太虚作室而共居"，太虚就是我们所说的整个的天地宇宙，我本来就以天地宇宙作为我的房子，这么说我的朋友们都在我的房子里，我们一直都是居住在一起的。"夜月为灯以同照"，我们都是以月亮来做灯，这么一来，大家都在共照一盏灯。"与四海诸公未尝别离，有何往来？"我和四海之内的好朋友都是在宇宙这个大房间里，我们压根就没有离开过，谈得上什么往来呢？

　　言外之意就是，像张志和这样以自然为家之人，根本就已经超脱了，无所谓小家往来。如果每个人都能像他一样，那么我们今天在座的，也称不上回不回家了，只要宇宙在，自然在，我们就都是在一起的，是一家人，对吧？所以说，既然如此，张志和又"何须归"呢？

　　跟张志和有异曲同工境界的还有一个人，这个人更有意思，他的名字叫**刘伶**（板书），是**"竹林七贤"**（板书）中的一位。"竹林七贤"是指魏晋时期七个非常有个性的名士。刘伶最大的特点是什么呢？看他的"个人简历"你会发现，但凡有记载的事情，总和一个字息息相关，就是一个"醉"字。他就没醒过，一直都醉着，是个名副其实的"千古醉人"。

刘伶天天都在喝酒，但他喝酒并不是仅仅因为好酒、贪杯，而是他想借这种沉醉不醒的状态去规避当时的乱世。"竹林七贤"生活在一个充满恐怖、无比昏暗的时代，他是借酒浇愁，一醉相忘红尘中。而除喝酒之外，刘伶还有一个很有意思的业余爱好，说出来有点惊世骇俗，就是喝醉了酒，特别喜欢裸奔，赤身裸体地奔跑。当然，他不是在大庭广众之下裸奔，而是在自己家的屋子里裸奔。

有一天他喝醉了酒，又在自己家的屋子里裸奔，奔着奔着，他的一个好朋友登门造访，而且这个好朋友在朝为官，是个很体面的官场人。一推开门，发现刘伶赤条条的样子，这个朋友赶快用自己的大袖子掩住眼睛，难为情地说，成何体统，成何体统，你赶快把裤子穿上，成何体统……但是没想到，刘伶瞅了瞅朋友，淡淡地说，哟，你来啦，我本来就是"以天地为栋宇，以屋室为裈衣"，既然你这么体面，你又"缘何入我裤中"？

生：（齐笑）

师：看到大家笑了，我猜你们都听明白了。刘伶是什么意思呢？他说，我向来都是把天地作为我的房间，把房间作为我的衣裤，既然你这么体面，你干吗钻到我的裤子里面来？只把这个朋友说得是面红耳赤，无言以对。然后刘伶就像什么事情都没有发生过似的，继续裸奔。这就是刘伶，一个非常放浪不羁的名士。大家看，刘伶刚才的这番话，是不是和张志和的"太虚作室"的情感如出一辙呢？

除此之外，苏老师再给大家补充一个刘伶的小故事，叫做**"死便埋**

我"（板书）。什么意思呢？说刘伶虽然很穷，但因为旷世的才华，所以也有自己的粉丝。有个小书童就不离不弃地跟着他，刘伶虽然养不起他，但小书童就是不肯离开他，说我只要能天天看到先生，侍奉先生，就心满意足了。之后刘伶说，那成，你就天天跟着我吧。只是我天天喝酒，也不知道哪一天在外面，可能一头醉倒在地上接着就摔死了，所以你也不用那么麻烦，你跟我出门的时候，就随手拎个铁锹，跟在我的后面，死了就顺便把我埋了就行了。

于是街头上，就出现了一个非常独特的景观，刘伶拎了个酒瓶子在前面喝得跌跌撞撞，口里喊着"死便埋我！死便埋我"，后面一个小书童拎着个铁锹一路跟着。大家想象一下，这是个多么有意思又让人震撼的场面。所以我们说，名士都有哪些共同点啊？

生：天赋才华却放纵不羁。

生：放浪的行为难掩他们内心的骄傲。

生：他们是非常了不起的一群人。

师：大家说得真好！讲了这么多，大家一定对张志和的这句"斜风细雨不须归"有了更深的了解了。可是就在张志和临风沐雨垂钓，说着"不须归"的时候，却有一个人在他的耳畔呼唤着"且须还"，这又是怎么一回事呢？喊张志和回家的人又是谁呢？这首《渔歌子》的背后还有哪些鲜为人知的故事呢？欲知后事如何，且听下回分解。

第五节 享誉邻国的张志和

—— 《渔歌子》课堂实录（下）

导读

如果说上一节课是《渔歌子》的深度拓展课，那么这一堂则是《渔歌子》的广度拓展课。从中国到日本，张志和及其诗作究竟有着怎样深远深远的影响力？而一代才子又缘何英年早逝？他一生中的最后评价由谁来执笔书写？一系列问题的答案，都将在苏老师不一样的诗词课堂里一一揭晓。

师：同学们，上节课我们通过对张志和的生平介绍和一系列的典故，重点理解了《渔歌子》这首词里的关键问题：为什么作者认为"斜风细雨不须归"？这节课，我们要重点研究一下张志和对《渔歌子》的特殊情结以及《渔歌子》带给后世的影响。

首先，我们先来看看张志和的哥哥张松龄的一首同题诗——《渔歌子》。我们说，虽然张志和说"斜风细雨不须归"，但是他的家人让不让他回来呢？他的家人是盼望他回来的。他的哥哥张松龄就专门写了一首《渔歌子》来劝弟弟回家，题目就叫《和答弟志和渔父歌》。

（屏幕出示《和答弟志和渔父歌》："乐是风波钓是闲，草堂松径已胜攀。太湖水，洞庭山，狂风浪起且须还。"）

师：我们先一起来读读这首词。

生：（齐读）

师：注意，"渔歌子"这个词牌还有一个别称叫"渔父歌"。我们来看一下张松龄是怎么说的，苏老师给大家简单解释一下。"乐是风波钓是闲"，什么意思呢，就是说，弟弟呀，你成天乐呵呵地在风波中垂钓，的确是很悠闲。"草堂松径已胜攀"，你不要忘记我们的家里面的草堂，它前面的很多小径上面已经长满了碧绿的青草，也足以让你在家中享受一份静谧的景致。言外之意，你也没有必要非要去攀山越岭，非要去到江湖上去垂钓。

接下来一句话说"太湖水，洞庭山，狂风浪起且须还"，意思是，你在外面垂钓并不是每一天都是风平浪静的，太湖的水，洞庭的山，不知道什么时候又会有大风大浪，所以说该回家的时候还是要回家的。看完这首同题诗，作为亲兄弟，大家对张志和的哥哥张松龄有什么感觉呢？

生：他的哥哥很担心他。

生：张松龄没有张志和那么潇洒，考虑的事情比较多。

生：张松龄是个小心翼翼的人，怕他弟弟出事。

生：张松龄没有张志和那种以自然为家的感受。

师：大家说得真好。同是张家兄弟，同是《渔歌子》，这兄弟两个人的境界却大不相同。张松龄还是个俗人，虽然有才，但还是免不了俗，心里想的都是红尘世事，一点都不超脱。当然，也有人这样说，张松龄的"狂风浪起且须还"也是像委婉地提醒他的弟弟，就是做世外高人也要低调一点，不要被别人认为你太傲视了、太狂妄了，这样也容易惹一些不必要的麻烦，毕竟江湖险恶，说不定什么时候又会遭遇人生的狂风巨浪。所以，这其中的最后一句话也是颇有深意的。

其实张志和写的《渔歌子》远远不止这一首，他写了五首非常著名的《渔歌子》，在这里，我们一起来看看其中的千古名句，这些千古名句虽然出自张志和的五首《渔歌子》，但是非常神奇，因为它们连起来读朗朗上口，居然非常像一首完整的词。我们来看看是不是这样。

（屏幕出示："能纵棹，惯乘流，长江白浪不曾忧。""江上雪，浦边风，笑着荷衣不叹穷。""枫叶落，荻花干，醉宿渔舟不觉寒。""钓车子，橛头船，乐在风波不用仙。"）

师：我们先自由朗读一下，看看有什么不懂的地方吗？

生：老师，什么是"纵棹"？

师："纵"就是操纵，也带着放纵的意思。"棹"就是船桨的意思。"纵棹"就是尽情地、肆意地划船。

生：老师，"惯乘流"是什么意思？

师："惯"就是习惯，"惯乘流"就是习惯了乘着风浪前行。

生："浦"和"荷衣"是什么意思？

师："浦"的意思是水边，"荷衣"的意思是荷叶般的衣服，同样用来指代隐者的衣服，有贴近自然的意思。

生："荻花"是什么意思？

师：一种形似芦苇的植物开的花，通常在水边，秋天开花，呈紫色。好了，已经没有同学有疑问了，我们扫清了所有的文字障碍，现在可以把这些句子完整地连在一起读一下了，看看自己能不能解释一下？可以小组讨论一下，一人试着解释一句。

生：（小组讨论）

师：谁来解释一下？一人一句，拿出你们小组讨论的最高水平。

生：能操纵着船桨——

师：对不起，老师打断你一下，可以试着加上第一人称"我"，把自己当作诗人张志和。试试看。

生：我能操纵着船桨，习惯了乘风破浪，即使长江上有再大的风浪也不担心。

师：棒极了！谁想继续？

生：看着江上的白雪，吹着水边的风，让我穿着荷衣也很开心，不觉得自己穷困潦倒。

师：非常好，越来越有感觉了。

生：枫叶落了，荻花干了，我喝醉了，睡在了小小的渔船里，一点都不觉得寒冷。

生：我很快乐，在江湖上逍遥，连神仙都比不上我。

师：大家的解释简直令人叹为观止，看来每个小组都藏龙卧虎！通过几节课的训练，大家自学的水平越来越高了，苏老师非常欣慰。通过刚才的诵读和解释，我们是不是觉得它们很像一首完整的词呢？非常流畅，而且意境高度一致，都是一种闲适的、逍遥的意境。

而事实上是，第一句"能纵棹，惯乘流，长江白浪不曾忧"是第二首《渔歌子》里面的一句，第二句"江上雪，浦边风，笑着荷衣不叹穷"出自第三首《渔歌子》，第三句"枫叶落，荻花干，醉宿渔舟不觉寒"则出自第四首，最后这句"乐在风波不用仙"出自第五首。五首《渔歌子》中，拿出几句放在一起，居然浑然天成，宛如一首词，你认为这说明了什么？

生：说明《渔歌子》这个词牌有固定的写法。

师：这个自然，每个词牌一旦确认下来，都有固定的写法。还有不同的意见么？

生：我觉得是因为作者在写每一首《渔歌子》的时候心情都是一样的。

师：能再具体一点么？是什么样的心情？

生：仙风道骨，闲云野鹤。

师：说得太好了！精辟！能够把上一节课的知识学以致用，让我们送给他掌声！就像这位同学所说的，张志和在写这五首《渔歌子》的时候，始终是心怀闲适的。所以我们看这样五首词连在一起看上去貌似是一首词，真是好生了得。接下来，苏老师要给大家补充一点史料，来了解一下张志和的超凡脱俗。

这次给大家推荐的是《**新唐书·张志和传**》（板书），这可不同于之前的《续仙传》，《续仙传》是神话，《新唐书》则是正史。其中有这样一句话，说张志和"居江湖，自称'烟波钓徒'"、"每垂钓，不设饵，志不在鱼也"。咦，这就很奇怪了，说张志和是在江湖垂钓的，自称是"烟波钓徒"，可是非常神奇的是，他居然每次垂钓的时候根本就不挂鱼饵，不是为了钓鱼，那么他为的是什么呢？如果说我们套用一句时髦的话就是"哥钓的不是鱼——是什么？"

生：是寂寞。

师：是寂寞么？他其实还算不得寂寞，寂寞的人在后面的诗词里，我们回头会专门讲。

生：是逍遥。

师：你说得很靠谱。张志和是很闲适很逍遥的。对于张志和来说，他更享受的是钓鱼的情致，而不是像一般人想的，看到"桃花流水鳜鱼肥"，就一门心思地等鱼上钩。更何况，如果真的要钓鱼，那一定是要设饵的。只有特殊境界和想法的人，才会有不寻常的钓鱼方式。像大家最熟悉的姜太公，姜太公钓鱼，不用说饵，连钩都是直的，更有意思，离着水都有好几寸的距离，让鱼自己跳上来咬着钩，这就是我们说的"姜太公钓鱼，愿者上钩"。这完全是一种等着人来发现自己的的超然自信。

张志和这样一种钓鱼的方法，或者说钓鱼的境界，深深地影响了我们旁边的一个国家，就是与我们一衣带水的日本。在日本，到今天还有一种钓鱼法，他们称之为"禅钓法"，就是像坐禅一样，每次把鱼钓上来再把鱼放回去，再钓上来再放回去，也是志在钓而不在鱼。说到张志和对日本的影响，不仅钓鱼法，《渔歌子》同样影响深远。

《渔歌子》在被张志和写成四十九年后传到了日本，被日本的天皇奉若至宝。据日本的史料记载，天皇曾召集文武百官、皇亲国戚欢聚一堂，开了一个盛宴来模仿《渔歌子》词牌进行现场的创作笔会。其中天皇本人也现场诗兴大发，填了五首词，其中有这么一首，写得非常不错，我们来看一下日本天皇是怎么写《渔歌子》的。

（屏幕出示："青春林下渡江桥，湖水翩翩入云霄。闲钓醉，独棹歌，往来无定带落潮。"）

师：天皇此作一出，日本的文武百官都齐声叫好，其中在宴席之上还有一位内亲王，就是他的女儿，叫智子。智子小姐当时只有十七岁，中文学得非常好，也和了她的父亲一首《渔歌子》，我们来看一下，这位十七岁的日本内亲王智子是怎么写《渔歌子》的。

（屏幕出示："春水洋洋沧浪清，渔翁从此独濯缨，何乡里？何姓名？潭里闲歌送太平。"）

师：写得也非常不错，大有"虎父无犬女"的感觉。所以说，我们在座的同学们，大家要努力了，连日本人都如此重视我中华文化，对中国的诗词研究得如此之深，我们可不能甘拜下风。大家课后也不妨模仿一下《渔歌子》的形式，写几首小词一显身手。

我们说，因为《渔歌子》在日本的影响非常深远，在今天日本的语文教科书里面，一共有两首中国诗词一直收录其中，一首就是非常著名的《枫桥夜泊》，一首就是我们今天所学的这首张志和的《渔歌子》，可见它对中日文化影响之深远。

那么，同学们一定会问了，连日本人都仿写张志和的《渔歌子》，那么中国文人还有没有用这个词牌进行写作的？当然有，自从张志和写完《渔歌子》以后，这个词牌便成为历代文人墨客的最爱，其中写得最好的，有人说甚至是超越张志和的，另有一种情致的，非著名的亡国皇帝南唐后主李煜莫属。知道李煜写过什么著名的诗词吗？

生：《虞美人》。

师：非常好，你能背诵其中的经典诗句么？

生：春花秋月何时了，往事知多少？

生：问君能有几多愁，恰似一江春水向东流。

师：说得好。《虞美人》是李煜的代表作，也是中国文学史上的经典词作。今天我们不讲《虞美人》，而要说说李煜的《渔歌子》，也叫《渔父词》。好的，下面我们看一下，李煜的几首经典《渔父词》：

（屏幕出示：

其一：浪花有意千重雪，桃李无言一队春。一壶酒，一竿纶，世上如侬有几人？

其二：一棹春风一叶舟，一纶茧缕一轻钩。花满渚，酒满瓯，万顷波中得自由。）

师： 相比之下，立见高低。李煜不愧是中国的顶尖词人，跟日本的词人一比，他的境界远在他们之上。这两首词表现了李煜的一种闲适状态，因为写这首词时，尚未亡国，他还过着逍遥的日子。跟他之后的那个"问君能有几多愁？恰似一江春水向东流"是完全不同的两种感觉。

不仅李煜，连宋代"天字一号"的大诗人苏东坡都视张志和为偶像，有词为证。我们看看苏轼的这首《浣溪沙》。

（屏幕出示："西塞山前白鹭飞，散花洲外片帆微。桃花流水鳜鱼肥。自庇一身青箬笠，相随到处绿蓑衣。斜风细雨不须归。"）

师： 大家看，是不是似曾相识？是不是与《渔歌子》几乎如出一辙？可见张志和的《渔歌子》魅力之大无法抵挡，连苏轼都冒着被天下人指作抄袭之风险来应和，真是不可思议。所以，可以毫不夸张地说，张志和以及他的《渔歌子》，对中国历代文人，上至皇帝，下至百姓，甚至邻国，都影响深远。

最后，苏老师要为大家补充的，就是同学们最关心的张志和的去世。这么有才华的一位诗人的撒手人寰，实在是诗词界的一大悲哀，或者说是诗史上的一大遗憾。那么他是怎么去世的呢？说来真是离奇至极，典籍中的记载还是比较清晰的，时间都有，是在唐大历九年，即公元774年的冬天。

我们之前说过，张志和与许多名人雅士交往甚密，其中有一位大名鼎鼎的书法家，如果学过书法应该知道，他还是一个非常了不起的英雄人物，叫颜真卿。在中国书法史上，**"颜柳欧赵"**（板书）被称为"楷书四大家"——"赵"就是**赵孟頫**（板书），"欧"就是**欧阳询**（板书），

"柳"就是**柳公权**（板书），"颜"就是**颜真卿**（板书）。

话说唐大历九年，颜真卿带着自己的一群弟子和张志和一起聚会。聚会的时候张志和喝多了，就主动提议大家一起来玩个水上游戏，就类似于我们说沉到水底下憋气不出来。我们都知道，张志和常年在烟波之上垂钓，水上功夫那是好生了得，所以大家都拍手称好，想一睹张志和的精彩表演。但是他喝醉了，一不留神没玩好，然后就不幸溺死了。所以我们讲，这也就证明了，之前我们提到的《续仙传》里张志和的特异功能——"入水不濡"完全是不真实的，如果真的是入了水出来还是干干的，一滴水珠都没有，那就不可能溺死。

但是历史就是开了一个这么大的玩笑，一个被称之为"卧雪不寒，入水不濡"的仙风道骨的神仙，一个整日混迹于江水之上的"烟波钓徒"，居然年纪轻轻的，就因为玩水上游戏而丢了性命，实在是令人惋惜和痛心的事情。

作为张志和的好友，也是他溺水身亡整个事件的目击者，颜真卿非常伤心，亲自为张志和撰写了墓志铭，就是我们所说的碑文。这个墓志铭可以说是字字血泪，因为他深感悲痛。我们来看看颜真卿写给张志和的墓志铭里最经典的四句话，也可以看作是对张志和短暂的一生非常中肯的评价："**辅明主，斯若人；岂烟波，终此身。**"（板书）

生：老师，这几句话是什么意思呢？

师：问得好。"辅明主，斯若人"，就像张志和这样的人才，应该去辅佐英明的君主，他完全可以成为辅佐君主的贤臣；"岂烟波，终此身"，你说他怎么就在烟波浩淼的江湖结束了自己短暂的这一生呢？这四句，既是对张志和能力和才华的充分肯定，也对他的英年早逝充满了深深的遗憾。可见，对于张志和的死，颜真卿是非常伤感、痛心和惋惜的。

一代名士，仙风道骨之人，《渔歌子》的作者张志和就这么离开了人世，而他的诗作《渔歌子》却成为了千古名篇流传至今。特别是他在《渔歌子》中所塑造的快乐、逍遥的渔父形象成为隐士文化中的经典。而作为渔夫，除此之外却还有另一种截然不同的形象，有着更加撼人心魄的力量。他是谁？这又是怎样一首蕴藏着神秘故事的诗作？欲知后事如何，且听下回分解。

一人独钓一江「冬」

——《江雪》课堂实录（上）

导读

一首《江雪》，暗含着鲜为人知的文字玄机。出身显贵的柳宗元，为何沦落成「孤舟蓑笠翁」？这首诗在什么情况下写就，又寄寓着诗人怎样的情怀？同为渔翁，《江雪》与《渔歌子》中的形象又有着怎样的相似与不同？一个个在平日课堂上鲜有接触的话题，一个个蕴藏在诗词背后闻所未闻的故事，都将在苏老师的精彩讲述中清晰呈现。

师：上节课我们提到，隐士中有一个特殊的群体，就是渔夫。在了解了张志和这个渔夫跌宕起伏的人生后，我们今天要走进第二个渔夫的心灵世界。

他和之前我们提到的夏日垂钓"斜风细雨不须归"的渔夫不同，也和我们提到的秋天垂钓的"一人独钓一江秋"的渔夫不同，他选择垂钓的季节非常特殊，是在大雪纷飞的冬天。大家能猜出这首诗的名字么？

生：老师，是不是《江雪》？

师：大家认为呢？

生：（一起点头）

师：没错，恭喜你，答对了。我们这节课要和大家分享的，正是唐代大诗人柳宗元的《江雪》。我们先一起来读读这首诗，学过么？

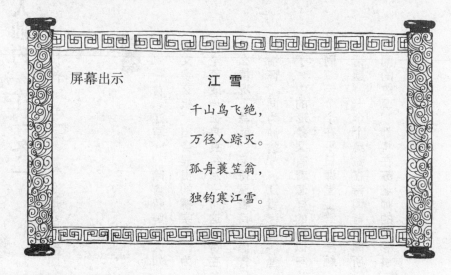

屏幕出示

江 雪

千山鸟飞绝，

万径人踪灭。

孤舟蓑笠翁，

独钓寒江雪。

生：（齐读）学过！

师：同样是渔夫，这首诗的寓意与其他诗作却大不相同。首先，还是老规矩，我们先来了解一下柳宗元其人。大家对柳宗元了解多少？

生：他是唐朝的著名诗人。

师：呵呵，这个刚才已经说过了。

生：他好像写过一篇和捕蛇有关的文章，是表达对劳动人民同情的，我在哥哥的初中语文课本里见过的，但题目忘记了。

师：你说的应该是《捕蛇者说》（板书）吧。你真了不起，这篇文章是柳宗元的代表作之一，大家记下来，有兴趣可以找来看看。看来除了这几位同学，多数同学对作者知之不多，那么就让苏老师先来简单介绍一下柳宗元吧。除了诗名远扬，柳宗元还是唐朝著名散文家。说他著名，是有依据的。在中国的散文史上，有著名的**"唐宋八大家"**（板书），即唐朝和宋朝八位卓有成就的散文家，柳宗元就是其中的一位。剩下的七位中，苏老师的本家就占了三位，你们能猜出是哪三位么？提醒一下，这三位还是父子兵呢！

生：老师，是不是有苏轼？

师：对，那剩下的两位呢？有请这位同学，你的眼神很坚定。

生：苏辙和苏洵。

师：说得没错，正是这**"三苏"**（板书"三苏"名字）。那么谁能告诉大家，三苏中哪位是老爸？哪位是兄弟？

生：苏洵是爸爸，苏轼是哥哥，苏辙是弟弟。

师：你怎么知道的？

生：书上说的。

师：看来你是博览群书。这里再告诉大家一个小秘密，如果你不能确定他们的父子关系，还可以通过观察他们的名字来推断。大家有发现这"三苏"名字中的特点吗？

生：苏轼和苏辙的名字中都有个车字旁。

师：你观察得很仔细。从这点来说，苏轼和苏辙应该是兄弟，因为在古时候，晚辈的名字是不能与长辈有相同的字或者偏旁的，被视为忌讳。同辈则可以。所以，通过这一点，我们也不难一眼把"三苏"中的父亲找出来。好的，刚才我们提到了柳宗元是"唐宋八大家"之一，加上"三苏"，一共知道了四位。

剩下的四位，大家也把他们牢牢记住，他们分别是唐代的**韩愈**（板书）、宋代的**欧阳修**（板书）、**王安石**（板书）和**曾巩**（板书）。

这样一来，柳宗元的地位可见一斑，因为"八大家"里，唐朝仅占了两席，其中就有柳宗元——另外一位是韩愈，他们俩并称为**"韩柳"**（板书），与刘禹锡并称为**"刘柳"**（板书）。此外他与王维、孟浩然、韦应物并称为**"王孟韦柳"**（板书）。

其实，柳宗元少年时就已显示出过人的才华。柳宗元字**子厚**（板书），世称**"柳河东"**（板书），因为他的出身非常显赫，祖上是著名的河东三大家族之一的**"河东柳氏"**（板书），其他两族为**河东裴氏、河东薛氏**（板书）。如果再追溯他的先祖，更不得了，是东周时的著名君子**柳下惠**（板书）。关于柳宗元的这位先祖柳下惠，苏老师再补充一个关于他的小故事。想听么？

生：想！

师：传说柳下惠有一次在冬天的雪地里行走，发现一个无家可归的女子，非常美貌。柳下惠怕她冻死，便毫不犹豫地将女子揽入怀中，用自己的体温为她取暖，将她救醒而丝毫没有非礼她，被后世传为美谈。这也是成语**"坐怀不乱"**（板书）的来历。所以，我们现在经常说一个人是君子，是**"坐怀不乱柳下惠"**（板书），提到的正是柳宗元的先祖柳下惠。

讲完了柳下惠，我们还是回头说今天的主人公柳宗元。出身在这样一个名门望族，柳宗元从小就表现出过人的才华。相传他十三岁就能替高官给朝廷写贺信，其高妙的文笔获得朝野的一片惊叹。可是命运不济，青年时的柳宗元因为参与了一场改革运动，史称"永贞革新"，因而横遭祸患，遭到贬谪。

在这次改革中，柳宗元追随着当时的翰林大学士王叔文，主张废除苛捐杂税，罢免贪官污吏，召回被贬忠臣，废除扰民宫市，甚至放千名宫女出宫，选择自由生活。当时的史料是这样记载民间对这次改革的反应的，叫做"百姓相聚，欢呼大喜"，可见在民间受欢迎的程度。

可是，这样大规模的改革，势必触及统治阶级的利益。于是，改革很快就失败了。可怜的柳宗元作为其中的主要参与者，由原来的朝廷高官被无情地贬为永州司马。同时遭到贬谪的还有著名诗人刘禹锡等共八人，史称"八司马"。

从三十二岁遭到贬谪，柳宗元再也没有东山再起，在永州和柳州这两个荒蛮之地了此残生。后来，柳宗元的好友，"八司马"之一的大学士凌准因忧愤而死，柳宗元的母亲卢氏在被柳宗元千辛万苦地接到永州后不到半年，就因环境不适应而病逝，而柳宗元的住所也多次遭到火灾，一次次地变得家徒四壁。

这样，可怜的诗人集国忧、家祸和身愁于一身，穷困潦倒，百病缠身。在一个冰天雪地的冬日，已早生华发的诗人静静地坐在江边，孤独地垂钓，并有感而发，写下这首千古名诗《江雪》。所以，我们说，张志和是一位渔人，他钓的不是鱼，是逍遥；而柳宗元也是一位渔人，他钓的不是鱼，是什么呢？

生：是孤独和寂寞。

生：是伤感。

生：是不甘心。

生：是忧愤。

生：是对过去美好生活的回忆。

师：大家说得都很好，你们都是作者的知己。其实，这首诗已经告诉我们诗人钓的是什么了。大家试着把这首诗的每句话的第一个字连起来读读看，你发现了什么？

生：（齐惊叹）千万孤独！

师：是啊，其实，这首诗可以看作是一首藏头诗。不知是作者有意还是无心，这首诗的每句第一个字连起来居然是**"千万孤独"**（板书）。甚至，如果我们再倒着读读看，会发现每句的最后一个字连起来是什么？

生：（再度惊叹）雪翁灭绝！

师：是啊，天下怎么居然会有这么令人不寒而栗的诗！顺着读，是"千万孤独"，逆着读，是**"雪翁灭绝"**（板书）。看到这儿，你有什么感觉？

生：好冷啊！

生：很绝望，很恐怖。

师：是的，正如大家所感受到的，整个诗的基调是非常阴冷的，充满着一种绝望的感觉。但是，如果仅仅是绝望，那么这首诗也不会成为千古绝唱。它妙就妙在"绝处逢生"，在绝望中有还隐藏着希望。这个于千山暮雪中垂钓的渔翁，不仅在钓孤独寂寞，同时在钓执着和坚持。那么接下来，就让我们一起从另一个角度来看一下这首诗。

首先来看前两句**"千山鸟飞绝，万径人踪灭"**（板书）。之前我们刚刚提过，柳宗元少年得志，但是在他的青年时代就遭遇坎坷，从此一蹶不振。在这种情况下，真的是走投无路了。这里的千山也好，万径也好，是在极言一种绝望，这是一种真实的状态。而一个"绝"和一个"灭"字，则说明柳宗元的极度无助——这么多的路，这么多的山，却没有一条属于我的路。

这里的"鸟"可以看作是他仕途上的一些朋友，"鸟飞绝"说明在他落魄之际，之前仕途上的好友为了自保都纷纷离他而去；"人"可以看作他的朋友和亲人，"人踪灭"说明他的至爱亲朋们也一个个离他而去，留下的只有无尽的孤独和忧伤。所以这两句，无论是"千山"还是"万径"，夸张的手法要表达的正是诗人心里极度的绝望。但是，当我们走进下两句，又有峰回路转、柳暗花明的感觉。

在冰天雪地一片苍茫之间，诗人并没有因为绝望而放弃，相反，他心中仍旧怀着不放弃的执着和坚持。你看，他接下来说：**"孤舟蓑笠翁，独钓寒江雪。"**（板书）这是多么让人震撼的画面！一个"孤"字还有一个"独"字，合起来正好是"孤独"，就在这么一只孤零零的小船上，坐着一个孤独的渔翁，披蓑戴笠，淡定从容。他钓的是什么呢？是鱼么？显然不是。寒冬季节，冰冻三尺，是不可能凭一支鱼竿钓上鱼的。而且，柳宗元也不是姜子牙，以当时的处境，他显然没有"姜太公钓鱼，愿者上钩"的自信。他有的，仅仅是一份希望和坚持。所以，诗中很明确地说，这孤舟上的渔翁，究竟钓的是什么？

生：寒江雪。

师：钓雪，而且是寒江雪，这真是让后人惊叹不已的表达。那么大家能猜出来，这"寒江雪"代表着什么？

生：寒冷。

师：仅仅是寒冷么？谁有不同意见？

生：我觉得是希望。

师：希望，说得真好。能再确切一点么？

生：是不放弃的希望。

师：非常好。这里的"寒江雪"不仅仅是寒冷和凄凉，更代表着柳宗元在困境中的一种希望。这样的一个渔翁守候在江边，钓着千年的寒江雪，表明他未曾放弃过，他愿意在困境中坚守着一份希望、坚定和执着。所以，如果说这首诗的前两句为我们描绘了一幅苍凉寂寥的悲怆画面，后两句则带给我们无尽的震撼和感动。

而"孤舟蓑笠翁"一句中，"翁"通常解释是老头，诗人在写这首诗的时候自称是"翁"，但实际上，他当时只有三十多岁。可想而知，他在经历了这么多磨难之后，自己感觉已是垂垂老矣，而又不肯放弃希望，让我们看到了一个虽然无助孤独，却始终坚守自己的梦想，不屈不挠的形象。

接下来，我想请同学们把《江雪》里的这个渔翁跟之前《渔歌子》中的渔翁进行一下比较，这两个渔翁有哪些相同和不同？大家可以讨论一下。

生：他们的身份相同，都是渔夫。不同的是《渔歌子》中的渔翁是快乐的、逍遥的，《江雪》中的渔翁是孤独的，寂寞的。

生：相同的是两个渔夫都不想回家，不同的是《渔歌子》中的渔夫是"斜风细雨不须归"，而《江雪》中的渔夫是"独钓寒江雪"。

生：他们垂钓的季节不同，一个在夏天，一个在冬天。

生：他们的打扮相同，都是披着蓑衣，戴着斗笠，不同的是一个是"青箬笠，绿蓑衣"，一个是"孤舟蓑笠翁"，颜色肯定是枯黄色的，因为已经是深冬了。

师：大家讨论得非常热烈，回答也很精彩。我们来总结一下，如果分别用一个字或一个词来对比这两个渔翁，你想用那个字或词呢？例如，我先举个例子。《渔歌子》中的渔翁是"暖"，《江雪》里的渔翁是"寒"。

生：《渔歌子》中的渔翁是"美"，《江雪》里的渔翁是"苦"。

生：《渔歌子》中的渔翁是"逍遥"，《江雪》里的渔翁是"孤独"。

生：《渔歌子》中的渔翁是"快乐"，《江雪》里的渔翁是"寂寞"。

生：《渔歌子》中的渔翁是"潇洒"，《江雪》里的渔翁是"执着"。

师： 大家总结得非常全面。同样的渔翁，同样的隐士，他们的心情却完全是不一样的。通过比较，让我们对这两首诗有了更深刻的了解。所以，在学习古诗词的过程中，我们不仅要学以致用，还应该学会比较归纳，让每一首诗都找到和它"有缘分"的朋友，帮助我们理解和记忆。

说到有缘分，我们还要专门讲一位与柳宗元最有缘分的诗人。他大名鼎鼎，一生疏狂，是柳宗元一生怎么也绕不过去的人。他与柳宗元的故事绝对可以用"惊天地，泣鬼神"来形容，苏老师可以毫不夸张地说，没有他，我们今天或许根本就看不到柳宗元的《江雪》这首千古名作了。他究竟是谁？他如何影响了柳宗元的一生？他与《江雪》一诗又有着怎样的渊源？欲知后事如何，且听下回分解。

一人独钓一江「冬」

第七节 柳宗元与刘禹锡的金玉之交

——《江雪》课堂实录（下）

导读

一首《江雪》，引出了一段鲜为人知、感天动地的千古友情。

诗人刘禹锡究竟在柳宗元的生命中扮演着怎样的角色？他与柳宗元的《江雪》一诗，又有着怎样深厚特殊的渊源？这是一堂苏老师精心设计的充满悬念、跌宕起伏的故事课，把柳宗元和刘禹锡两位诗人的名字紧紧连在一起，让《江雪》一诗前所未有地感伤动人。

师：同学们，在温故了这首《江雪》以后，我们还必须要讲一个人，因为如果没有这个人，我们今天就看不到这首诗了，我们要讲谁呢？我们要讲的就是柳宗元的好朋友——刘禹锡。可以说，是刘禹锡让柳宗元成为我们今天所熟知的人物。提到刘禹锡，你能想到哪些他的诗句？

生：晴空一鹤排云上，便引诗情到碧霄。

师：知道这首诗的题目么？

生：《秋词》。

师：非常好。刘禹锡和柳宗元非常有缘分，他们同年中进士，共同参与了"永贞革新",又同时遭贬。他还有一篇非常著名的文章,叫《陋室铭》,听说过吗?

生：听说过。

师：《陋室铭》（板书）中的"陋室"就是简陋的房子,"铭"是一种文体。很显然,这是作者在陋室里为自己写下的一篇文章。里面有许多千古名句,比如:**"山不在高,有仙则名。水不在深,有龙则灵。"**（板书）他通篇都写得朗朗上口,所以,有兴趣的话,大家可以回去查看一下这篇《陋室铭》,初中的语文课本中就有。

这篇文章中还有一句是**"斯是陋室,惟吾德馨"**（板书）,意思就是这就是一个小房子,但是我自己的品德很高尚,换句话说,房子不在大小,只要住的人品德高尚就行了。可见刘禹锡也是一位身处逆境,保持风骨的高洁之士。

好的,接下来,我们就来看看发生在刘禹锡和柳宗元这两位大诗人之间感天动地的友情故事。刘禹锡和柳宗元是非常知心的朋友。之前我们说了,在遭到贬谪的"八司马"中,柳宗元被贬为永州司马,而刘禹锡则被贬为朗州司马。

在遭贬的时候,"八司马"们得到了一个令人心寒的消息,皇帝下诏说:"纵逢恩赦,不在量移之限。"什么意思呢? 就是说,你们这些人太可恶了,就算是有大赦,你们也不在这个范围之内。换句话说,你们一辈子就到偏远地区了此残生吧。

这个结局,我们看了非常伤感,感觉这些可怜的诗人们将永世不得翻身。但是,事情并没有我们想的那么绝望。十年之后,刘禹锡和柳宗元又迎来了他们生命中的春天,刚才我们也提到了,刘禹锡和柳宗元是一对患难兄弟，他们曾经同甘共苦过。"同甘"就是他们同年考上了进士，同年参与"永贞革新"；"共苦"，则是同年遭贬。后来，他们又同年遇到了特赦，在贬谪十年后，又重返长安。回到长安以后，两个人是感慨万千。

但是，好景不长，刘禹锡因为一首诗又得罪了皇帝，这又是怎么一回事呢？原来，刘禹锡回到长安后非常感慨，跑到当时一个赏桃花的地方，叫玄都观。十年前没有遭贬的时候，刘禹锡经常在玄都观里赏桃花，而且他自己也种了一些桃树，开了桃花自己赏，心情特别好。但是这次一看，十年过去了，眼前的桃花早已经不是他当年的桃花了，于是刘禹锡写了一首诗来表达他的感慨，他是这么写的："紫陌红尘拂面来"，有位同学在举手，你会背么？

生：紫陌红尘拂面来，无人不道看花回。玄都观里桃千树，尽是刘郎去后栽。

师 你太棒了！让我们一起给这位同学掌声！这首诗的后两句是千古名句：**"玄都观里桃千树，尽是刘郎去后栽。"**（板书）前两句描写的是玄都观里桃花开得妖娆的景象，后两句则是诗人所感慨的，意思是：这么多的桃花，都是我刘郎走了以后才栽上去的，言外之意就是，一朝天子一朝臣。我刘禹锡被贬了，很快就被世人遗忘了。换句话就是，这里虽然景色怡人，却早已物是人非，时间不饶人呐！

写完这首诗后，刘禹锡怎么也想不到，这首仅仅抒发感慨的诗作，竟然很快就被别有用心的人发现了，然后跑到皇帝那里告御状，说这首诗很明显是刘禹锡在讽刺朝廷用人不力，表现了他对朝廷的不满，对新提拔的权贵的不满；这些遭到贬谪的司马们，刚回到长安就心怀不轨，不仅不感念皇恩浩荡，还对之前的遭遇耿耿于怀，又开始兴风作浪，还不知道将来会闯出什么大祸来。这样一来，皇帝听了自然不爽，当时的皇帝是宪宗，他立刻一纸诏令，将这些召回来的司马又给贬了，说这些当年革新的人至今是贼性不改，不贬不足以证明皇帝的英明。

这一贬，把刘禹锡贬到了播州，播州就是今天的贵州省遵义市，比之前更远更偏了。而且更可怜的是，刘禹锡还有八十岁的老母亲需要照顾，因为按照当时的朝廷律例，儿子被贬，家人必须一块带上，也就是说，他的老母亲也必须和他一起远赴播州，这一路的艰辛可想而知。

对刘禹锡而言，他深深知道，自己的老母亲不可能承受这种长途颠簸之苦，为此他感到非常痛苦。与此同时，柳宗元也被贬到遥远的柳州，在今天的广西省境内。虽然柳州也是荒蛮之地，但是相对播州而言还是要好一些。所以当柳宗元得知自己的好朋友刘禹锡被贬到了播州，而且母亲都八十岁高龄还要跟着去吃苦的时候，柳宗元顿时就想到了自己可怜的母亲。她不就是因为跟着柳宗元贬到永州，不到半年就客死他乡的吗？

这个时候，柳宗元做了一件令刘禹锡非常感动的事情，他一边大哭一边写奏折，向朝廷请愿，自己愿意"以柳易播……死不恨"。什么意思呢？就是说，刘禹锡有八十岁的老母，请皇上开恩，把我贬到播州去吧，让刘禹锡去柳州。就算因此再获罪，至死也无憾。得知柳宗元的做法，刘禹锡非常感动。因为此时的柳宗元已是百病缠身了，朝廷也感动于柳宗元的重情重义，于是做了改判，把刘禹锡贬到连州去了。

那么连州在哪里呢？连州在今天的广东省境内，毕竟在沿海，所以条件比播州要好多了；而柳宗元仍然被贬到了柳州。在两个好朋友再度被贬的时候，他们一路上作伴，相互鼓励，相互安慰，直到走到了湖南衡阳，他们才依依惜别，因为此时一个要远赴柳州，一个要远赴连州。

两个人分手的时候依依不舍，写下了非常感人的离别诗，深深表现了同甘共苦的两个好兄弟再度分手时的不舍。

这两首诗被誉为中国史上最令人感动的离别诗，我们来看一下。柳宗元的诗叫**《重别梦得》**（板书）——刘禹锡字梦得——因为不是第一次跟他道别了，是再一次离别，所以叫《重别梦得》。

他是这么写的。**"二十年来万事同"**（板书），他说，二十年来，两个人一直风风雨雨，咱们两个人经历的事都是一样的。**"今朝歧路忽西东"**（板书），今天分手后又要各奔西东。的确，一个在广西，一个在广东。最感人的是后两句：**"皇恩若许归田去"**（板书），如果有一天皇上又大发慈悲，让我们告老还乡，哪怕不让我们做官，让我们种田去；**"晚岁当为邻舍翁"**（板书），我就这么一个愿望，就让我们这两个老头子做邻居吧。

是不是非常让人动容的一首诗？作为大诗人的柳宗元，就这么一个小小的愿望：如果有朝一日皇恩浩荡，大赦天下，让我告老还乡，作一介布衣，我就想跟你刘禹锡做一个老邻居，两个人就这么一直互相照顾，直到老死。这就是柳宗元的一个梦想，一个小小的愿望。

刘禹锡看了非常怅然，也和了一首，来表达对柳宗元这个知己的心意。我们再来看一下，刘禹锡是怎么写的：**"弱冠同怀长者忧"**（板书），意思是，我们俩想的事情都是一样的。**"临歧回想尽悠悠"**（板书），在分别的歧路上，回想起来，所有的事情就像昨天发生的一样挥之不去。**"耦耕若便遗身世"**（板书），如果真的像你说的那样可以告老归田，咱们两个人就一块儿种地，忘掉一切。**"黄发相看万事休"**（板书），两个老头子，你看着我，我看看你，时间就在这一刻静止了。

读完这两首诗，我们感觉到这两个诗人真的是惺惺相惜。但是，谁也没有想到，这两首诗竟然成了他们的诀别诗，他们从此以后再也没有见面。因为没过多久，柳宗元就客死柳州。听到柳宗元去世，刘禹锡泪如雨下，悲痛万分。令人感动的是，刘禹锡知道柳宗元是非常有才华的，于是在柳宗元去世后，刘禹锡不惜倾家荡产，尽其所能来整理柳宗元的遗作。他把柳宗元所有能找到的作品进行刊印，使其得以保留。不仅如此，刘禹锡还收养了柳宗元的遗孤，直到把他抚养成人。可以说，刘禹锡为了柳宗元，做了所有他能做的事情。

通过刘禹锡的努力才得以刊印保留的柳宗元的作品中，就有千古名作，也就是我们今天学习的《江雪》。除此之外，《捕蛇者说》、"永州八记"等也都是刘禹锡为其整理留存的。所以，对柳宗元而言，能有刘禹锡这样一个肝胆相照的好朋友，此生足矣。因此，提到《江雪》，我们必须提他的好朋友刘禹锡。如果没有他，我们是无缘看到柳宗元这些经典诗作的。

相信讲到这里，大家一定都心绪难平。今天这节课，我们要做一件特殊的事情，请你以柳宗元或刘禹锡的口吻，为对方写一封信，我们甚至都可以称之为"家书"，因为他们本身就情同手足。可以用诗词的方式，也可以用白话的方式，来表达对彼此的友情和思念。时间十分钟。

（十分钟后）

师：谁想来分享一下？

生：我写了一首诗，是以柳宗元的口气写的，题目叫《赠禹锡兄》："人间两兄弟，天国两知己。能与兄相知，一生知足矣。"

师：真是情真意切！

生：我写了一封书信，是以刘禹锡的口气写的："宗元兄，得知你的《江雪》一诗被后世传颂，我非常欣慰。虽然我们都已离开这个世界，但我们是永远的好朋友。不胜感激你为我做的一切，倘能穿越，我们在二十一世纪还要做兄弟，做邻居，做文友，做一辈子的知己！"

师： 虽然你的信写得文白夹杂，但是却感动了我们在座的每个人。你甚至想到用跨越时空来延续这份难得的友情，足见你对好友的珍视。时间有限，我们只能先分享这两位同学的大作，其他的同学可以在课后进行小组内交流，苏老师也很愿意随时分享你们的大作。相信你们一定可以写出最感人的文字，来缅怀和纪念今天课堂上这两位让我们心动、心碎、心心相印的古人。

好了，伴随着柳宗元和刘禹锡感天动地的友情故事，我们《江雪》的学习也告一段落了。下节课，我们将走进"神秘隐士"中的最后一位，他是个特殊的隐者，既在朝为官，又流连于山林野趣，他琴棋书画样样精通，才华纵横，却偏偏一生坎坷，失意多于得意，他究竟是谁呢？欲知后事如何，且听下回分解。

导读

《竹里馆》是王维的名篇。区区二十字，看似写山林隐居，自然之景，实则另有深意，别有洞天，可谓无一字无出处。诗人缘何「独坐幽篁里」？「幽篁」一词有着怎样的历史渊源和文化含义？诗人弹的是什么琴？又缘何「长啸」？一句「弹琴复长啸」又引出了一段怎样精彩绝伦的典故？「深林」仅仅是幽深的竹林么？「人不知」又是谁不知？「明月」的意境又该如何解释？如此种种看似高深实则有趣的问题，只有走进苏老师的课堂，才能找到答案，豁然开朗。

师：同学们，上节课我们提到了，这节课要通过一首诗走进一位特殊的隐士，因为这位隐士跟前面说的又有不同，他是传说中的半官半隐。也就是说，他既当官，又作隐士，在这看似矛盾的两个身份之间，他却能协调得特别好，游刃有余。

这个诗人一生饱经坎坷，他早年丧父；三十岁岁丧妻，从此独居在竹林里的别墅里，再也没有娶妻，孤独终老；"安史之乱"爆发后，五十多岁的他被俘，被迫接受敌军的册封成为"伪官"；战乱结束后还险些因此丢了性命……但就是这样一个诗人，在遭受如此众多的磨难后仍然是淡定从容，一心向禅，非常令人佩服。而且他还琴棋书画样样精通，做官做得也不错。他曾写下许多优美的山水诗，今天我们要学习的，便是其中的一首，叫《竹里馆》，说到这，大家能猜出他是谁了么？

生：王维！

师：非常好，就是王维。让我们来看一下这首王维的《竹里馆》。

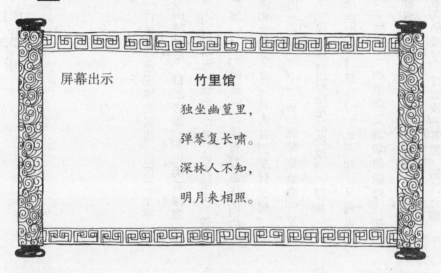

屏幕出示　　　　　　　**竹里馆**

独坐幽篁里，

弹琴复长啸。

深林人不知，

明月来相照。

师：学过么？

生：学过！

师：让我们先一起读一遍，来重温一下。

生：（齐读）

师：虽然学过，但你们一定没有想到王维有这么传奇的一生吧？大家在背的时候会觉得这有什么可讲的，短短二十个字，特别简单。我可以告诉大家，这首诗，其实大有来头，其中每一句都蕴含着典故和哲理。我想先问一下，你们之前是怎么学习这首诗的？

生：先翻译，然后背诵。

师：好的，今天，在苏老师的课堂上，我们要重新学习这首诗，让大家真正体会到王维这位大诗人，同时也是一位奇隐士的与众不同。我们对王维的一生已经有了大致的了解，再给大家补充一点，王维的字很有名，叫摩诘，听说过么？

生：（摇头）

师：看来大家比较陌生，那老师来为大家解释一下。为什么叫摩诘呢？因为王维自幼受母亲的影响，信奉佛教，而他也被后人奉为**"诗佛"**（板书）。维摩诘本是佛教中一个非常有名，有地位的居士，是著名的在家菩萨，如果把这个名字翻译过来就是以洁净、没有染污而著称的人。

可见王维的名字中与佛教结下了不解之缘。因为王维的"维"字与维摩诘的"维"是同一个字，所以王维就干脆给自己一个字叫摩诘。我们知道，王维不仅诗写得好，画也画得好，而且**苏轼**（板书）也给了他一个非常经典的评价，叫做**"诗中有画，画中有诗"**（板书）。

苏轼可是鼎鼎有名的大文豪，他能给王维如此之高的评价，可见王维的才能绝非浪得虚名。王维虽然半官半隐，但始终保持着平和宁静的心态，他的心中始终都有一个字，就叫**"禅"**（板书）。我们说这是一个玄奥的字，是一种境界，一种让内心宁静的境界。

王维经常做的事情就是坐禅，就是静坐不动，心思沉静，类似于我们常说的"打坐"。王维曾经写过一句诗，叫"安禅制毒龙"（板书），是什么意思呢？这里的"安禅"，就是打坐静思；这里的"毒龙"，指代的就是人的种种欲望和杂念。意思就是：我经常打坐深思，来去除我心里的种种欲望和杂念。正是因此，王维才能够在半官半隐之间找到平衡，在经历大风大浪之后保持内心永恒的平静。

好的，说了这么多，接下来，我们就一起来看一下王维的这首经典之作——《竹里馆》，看看王维是如何描述自己的隐逸生活的。

首先，我们先来解释一下题目。这个"竹里馆"，就是王维在郊外山林独居的大别墅，是建在竹林里的房子。我们来看一下，王维是怎么写他的竹里馆的。首先来看第一句，"独坐幽篁里"。提问一下，"篁"是什么意思？

生：就是竹林的意思。

师：没错，这句话的意思很容易解释，就是一个人独自坐在幽深的竹林里。这里我们要特别注意一个词——幽篁，这可不是王维信手拈来的普通词语，它的出处可是大有渊源的。这个词最早出自屈原的《山鬼》（板书），屈原在他的文章里是这样写的："余处幽篁兮，终不见天。"（板书）意思就是，我住的这个地方，有幽深的竹林，不见天日。可见屈原也曾经在幽深的竹林独处，感慨世事变迁。千年之后，王维又在同样幽深的竹林里，独坐静思，悟出了禅的味道。

说到幽篁，也就是竹林，我们不得不提到中国文化的博大精深。在中国，竹子出现在诗词和文章中，是有特别意味的。因为在古人心中，竹子是君子和名士的象征，代表高洁，有骨气。梅、兰、竹、菊被称为**"花中四君子"**（板书），松、竹、梅被称为**"岁寒三友"**（板书）。苏轼曾说：**"宁可食无肉，不可居无竹。无肉令人瘦，无竹令人俗。"**（板书）竹子代表高洁的风骨，代表着高雅的气质。

接下来我们来看第二句，"弹琴复长啸"。这一句中用了一个很扣人心弦的典故。我们先注意一下这个"复"字，是什么意思？

生：重复，又的意思，

师：说得很好。这里诗人有两个动作，一个是弹琴，一个是长啸。那么这里诗人弹的是什么琴呢？

生：古筝。

师：不是古筝，是**古琴**（板书）。古琴，又称七弦琴，是中国最古老的一种乐器，声音低沉沉温润，不像古筝那样清澈明亮。所以，古人们把古琴看作是上天和大自然赋予的最神圣的乐器，不是取悦于人的，而是弹给自己的心灵和上天听的。古琴是古代文人雅士的最爱，一个高超的琴人甚至凭借着弹出的琴音就能判断一个人的性情和人品。所以像王维这样高洁的文人都是爱琴如命的，而古人常说的"琴棋书画"中的"琴"，指的就是古琴。

诗人独坐在幽深的竹林里，弹着心爱的古琴，一派雅趣，这些都容易理解。可是，王维在弹琴的同时还做了一个动作，叫长啸，这就有些奇怪了。什么是长啸？

生：长长的呼啸。

师：从字面上看，是这个意思。你们会长啸么？会在什么情况下长啸？

生：非常高兴、兴奋的时候，比如看乒乓球、举重这些比赛，运动员获胜以后都会长啸。

生：很压抑的时候也会长啸，会到山上或海边。

师：没错，"长啸"是表达内心的一种极度的情致。我们今天在课堂上没有机会长啸，如果长啸的话，大家可能会认为我们的精神有问题，呵呵。但是我们到了赛场上，山顶上或者大海边就可能想长啸，来一吐心中的感受。这时候，我们看到王维在幽深的竹林里弹着弹着琴，突然就发出长长的呼啸，这又是一种什么样的情景？大家做何感想？

生：挺惊人的，竹林里那么安静，琴声也很低沉，忽然就长啸一声，很恐怖。

生：我觉得挺过瘾的。弹着弹着琴，诗人就沉浸在曲子里了，想到一些事情，就情不自禁地长啸，也没有人打扰和嘲笑，想干什么就干什么，很自在。

生：我觉得很浪漫。边弹琴边长啸，在幽深的竹林里，和着风声还有明月，多美的一幅画啊！

师：大家的回答太精彩了！尤其是后面两位同学，你们算是和王维心有灵犀一点通。其实，"弹琴复长啸"，这个看似诡异的画面和行为远不是想象中的那么简单，它是大有渊源的。"弹琴"和"长啸"其实是来自两个典故，这两个典故都跟一个人有关，他就是**竹林七贤**（板书）中的一位，叫阮籍，王维可是阮籍的"忠实粉丝"，所以借用了他的两个典故。你们知道"竹林七贤"么？

生：（摇头）

师：既然不知道，老师就先简单介绍一下。"竹林七贤"是魏晋时期七个名士，也是著名的隐士。他们分别是**阮籍、嵇康、山涛、向秀、刘伶、王戎、阮咸**（板书）。"竹林七贤"所生活的魏晋时期非常黑暗，但同时又是一个名士辈出的时代。当时的皇帝是谁呢？

就是那个"司马昭之心，路人皆知"的司马昭。但是，极黑暗的政治却往往孕育出极清白的人生，就在这个乱世，出了七个君子，就是著名的"竹林七贤"。他们个个才华纵横，生性坦荡，不爱权贵，隐居山林，即便有做官的也是像王维一样人在朝野，心在山林。

他们最喜欢做的事情就是在竹林里面，坐成一圈，进行清谈。不像今天，谈个话还要茶水伺候。他们就那么端坐着，谈的往往都是非常玄妙的东西。后人是这样评价他们的，说这群人特别神奇，像神仙，不拘理法，**"弃经典而尚老庄，蔑礼法而崇放达"**（板书）。他们像老子和庄子一样悠游，非常蔑视礼法，非常崇尚奔放自由的生活，这是对"竹林七贤"生动的描述。同时还有八个字的评价，说他们**"烟云水气，风流自赏"**（板书），可见他们个个仙风道骨，狂傲不羁。

更有意思的是，他们还常常**"扪虱而谈"**（板书），什么叫"扪虱而谈"呢？因为当时他们太崇尚自然了，所以经常穿着长袍，从来不洗澡，时间久了以后身上就长满了虱子，于是他们就坐在竹林里一边捉虱子，一边攀谈，于是，就有了这个词。

生：（齐笑）

师：这个词在今天看来不可思议，在当时看来却是极高雅的行为。

就是这样一种放达的性格，使得这一群神奇的人让后世高山仰止，崇拜不已。而诗人王维便是非常欣赏阮籍，所以他弹琴也好，呼啸也罢，都是借此来表达对故人，确切地说，是对阮籍的一种景仰和默契，用弹琴和长啸来表明自己的旷达心志。那么为什么说这两个行为都跟阮籍有关呢？

《晋书·阮籍传》里面有这样一句话，说阮籍"嗜酒能啸，善弹琴。"其实"竹林七贤"个个能喝酒善弹琴，但提到长啸，就非阮籍莫属了。也许有同学会说，这个嗜酒就算了，善弹琴也可以理解，这个能啸也算是特长和优势吗？难不成古人没事都在那呼啸，比比谁呼啸的时间长？是这样吗？其实不是的。这也是有一个典故的。

如果大家读过王勃写的《滕王阁序》（板书）的话，其中一句话会有印象，叫**"阮籍猖狂，岂效穷途之哭"**（板书）。什么意思呢？这与阮籍当时的经历和所处的时代有关。阮籍在当时是很特殊的名士，他出身名门，却非常不安于现状，对黑暗现实有诸多不满，但是他又没有能力去改变。当时的皇帝正是生性多疑、心狠手辣的司马昭，时常有名士遭到暗杀，因为名士常常随心所欲地说话，或太有个性、太有才华。

大家想，像阮籍这样才华横溢又孤傲不群的名士，肯定也处在危险的境地。所以阮籍自己也很担心，于是，他只好天天喝得醉醺醺的，装疯卖傻，以此来逃避迫害。

有一次他驾着牛车，一边喝得烂醉，一边仰头长叹。走着走着，发现不知不觉竟走到了路的尽头，再也无路可走了，于是放声大哭，感慨世道的苍凉。这就是王勃笔下阮籍的"猖狂"和"穷途之哭"。

后来阮籍遍访名山，其中有一座山叫苏门山，阮籍听说苏门山有位高人叫**孙登**（板书）大师，人称"苏门先生"，便历尽千辛万苦终于找到了他。见到大师，阮籍很兴奋，但是大师却一声不吭。阮籍就把他的疑问全部一股脑地倒出来，结果这个大师静静地坐着，就把他当空气一样。结果阮籍说得口干舌燥，大师却连个反应都没有。

阮籍突然想到，难不成这个大师跟我用的不是一个语言体系，我说的话他听不懂，还是我这种表达方式他听不明白？阮籍想，既然是高人，一定会有一种与众不同的方式让他明白自己的想法。

突然间不知哪来的力量，阮籍把刚才所有的语言表达都抛到九霄云外，取而代之的是一声长长的呼啸。结果奇迹发生了，他这一声长啸，使得大师的眼睛突然间就亮了。阮籍明白了，原来他是用这种方式表达的人，然后阮籍就长一声、短一声、高一声、低一声地呼啸，啸得孙登大师露出了会心的笑容。阮籍的一番长啸，把他的所有郁闷一扫而空，他觉得这趟没白来，便心满意足地离开了。虽然从头到尾大师没有解答他的任何问题，但是他觉得心中无比畅快，他觉得大师听懂了他所有声音。

走到半山腰的时候，忽然阮籍听到一声漫天长啸，那是大师给他的终极回应，这声长啸解开了他心底所有的谜团，他顿时豁然开朗。

于是回到家后，阮籍奋笔疾书，写下了他生命中最重要的文章——**《大人先生传》**（板书），这个大人先生，就是孙登大师。

阮籍高一声低一声的长啸换来了孙登大师心灵的回应，换来了漫天长啸，所以长啸便成为阮籍独有的表达方式。这就是王维笔下"弹琴复长啸"中"长啸"的来历。而关于"弹琴复长啸"中的"弹琴"，阮籍也是有诗为证的。我们来看一下阮籍写的一首琴诗，其中有这样几句：**"夜中不能寐，起坐弹鸣琴。薄帷鉴明月，清风吹我襟。"**（板书）写得多美，和王维的表达如出一辙。你看，"夜中不能寐，起坐弹鸣琴"，知道"寐"的意思么？

生：寐，就是睡觉的意思。我还知道一个成语叫做"夜不能寐"。

师：说得太完美了。这个"夜不能寐"便是对"夜中不能寐"的最好解释，晚上睡不着觉，然后便起来弹琴。"薄帷鉴明月，清风吹我襟"，自己的帘帐非常轻薄，都能看到窗前的明月光，悠悠的清风吹动着我的衣襟，令人心旷神怡。这是阮籍写的一首弹琴诗，给人的感觉是非常清幽宁静。

所以像阮籍、王维这些隐士，他们经常会以诗明智，以琴明志，"独坐幽篁里，弹琴复长啸"也表达了王维这样一种心境。虽然人在官场，却心系自然，对隐居山林的生活仍旧是充满向往的。听了苏老师这一番解释，大家是不是觉得王维这首诗太有玄机了？

生：是！

师：所以我们说，要学好古诗，一定要多问几个为什么，千万不要错过诗词背后精彩的故事。接下来我们再来看后两句："深林人不知，明月来当照。"这两句是王维最擅长用的方式，为什么这么说呢？如果你去看王维的山水诗便会发现，他经常会有类似的表达。比如说，我们学过的《鹿柴》，大家还记得么？

生：空山不见人，但闻人语响。返景入深林，复照青苔上。

师：很好。还有一首，叫做《山居秋暝》，其中有两句，叫做"明月松间照，清泉石上流"。这样一种幽深的表达是王维非常擅用的，所以我们一看到像明月啊，深林啊，总是会想到王维的诗，充满了清风明月的意境，给人的感觉正是"诗中有画，画中有诗"。

我们先来看一下这句"深林人不知"，这里的"深林"表面上是幽深的竹林，"人不知"表面上是人们不知道，如果让大家再结合着我们之前学过的隐士诗，大家还能感受到这两个词背后更深的意思么？

生：深林是不是表示作者很闲适，就像之前学的《游园不值》里的"柴扉"隐含的意思？

师：你已经学会了知识的迁移，真了不起！还有其他想法么？

生：我觉得深林有寂寞的意思吧，就像《江雪》里的"千山鸟飞绝"表达的意思。

生：我觉得"人不知"就是一般人都能不理解诗人，这里的"人"就像"千山鸟飞绝"中的"鸟"，都是和作者不一路的人。

师：大家刚才各抒己见，让我看到你们这几天惊人的成长，真为你们骄傲！没错，正如大家感受到的，我们可以把"深林"理解为作者内心深处的理想和信仰，"人不知"中的"人"理解成与作者"道不同不相为谋"的凡夫俗子。

所以说，这一句也表达出了诗人内心的孤寂，感慨一生遭遇的冷漠。用中国最古老的诗歌总集《诗经》中的一句话来说，就是**"知我者谓我心忧，不知我者谓我何求"**（板书）！理解我懂我的人知道我心怀忧虑，不理解不懂的人会奇怪我的行为究竟是为什么。

当王维独居深林里时，并没有多少人能够真正理解他，尤其是他早年丧父，三十岁丧妻，三十年独居，又经历国家动乱，从这几个角度来说，王维的人生不是每个人都能体会的。当然，并不是所有的"深林"都是"人不知"，苏老师再来为大家补充一首"深林人相知"的诗——大诗人白居易的《**友人夜访**》（板书）。

白居易同样也隐居过，他笔下的隐居生活跟王维有相同也有不同。相同的是都"子清风，友明月"，充满了生活情致，不同的是虽隐居深林，却常被人惦记着。

你看，他的诗是这么写的：**"檐间清风簟，松下明月杯。幽意正如此，况乃故人来。"**（板书）"簟"就是竹席子的意思。看了这首诗，我们感觉白居易这个隐士可一点都不寂寞，虽然只有一间山林的茅草屋，却能感觉到清风的吹拂，坐在竹席子上，心情非常愉快，而且还可以听着松涛声，对着明月小酌几杯，真是优哉悠哉。

这还不算，就在这个时候，"故人"——就是诗人的老朋友——又来拜访了，想象一下，诗人此刻是多么幸福啊！从这里来看，古人比我们还要幸福呢，不像我们要靠一些非常热闹嘈杂的方式来获得快乐，古人的快乐是非常幽静安适的。

而王维就没有那么幸运了，没有人来拜访他，这让他心生落寞。但是虽然没有人拜访，却有另外一样东西来弥补他的寂寞，是什么呢？诗中有答案。

生：明月。

师：对，明月。"明月来相照"中这个"来"字用得特别好，没有好朋友来，但是知我者，明月也，一轮明月来主动映照我。换句话说，叫"明月知我心"，表现出了人虽无情，明月有情，也说明诗人喜爱山水远过于人情世故。当然，王维是不是真的如他所说的那般寂寞，无人应和呢？

其实也并非完全如此。

众所周知，王维是唐代大诗人，精通音律书画，就他的个人才华和魅力，也足以影响很多和他志同道合的朋友。据史料记载，王维是在二十七岁时因为佞臣李林甫执政而隐居在终南山的。而另一位比王维小十五岁的诗人**裴迪**(板书)，也曾经在青年时期同王维一起隐居在终南山，他们两人惺惺相惜，互相唱和，合作完成了《辋川集》，在艺术造诣上达到了超凡入圣的境地，被后人所推崇。

说到两人的默契，有诗为证。王维赠裴迪的诗《**辋川闲居赠裴秀才迪**》(板书)，在当时广为传唱，尤其是"**渡头余落日，墟里上孤烟**"(板书)一句，堪称千古名句。

由于志趣相同，裴迪的诗从风格到意境都和王维很像。包括今天我们学习的王维名作《竹里馆》，裴迪也写过一首同名诗，我们看看是不是和王维很神似："**来过竹里馆，日与道相亲。出入唯山鸟，幽深无世人。**"(板书)王维在另一首与《竹里馆》齐名的隐居名诗《**辛夷坞**》(板书)中写道："木末芙蓉花，山中发红萼。涧户寂无人，纷纷开且落。"裴迪的同名诗一样有异曲同工之妙："绿堤春草合，王孙自留玩。况有辛夷花，色与芙蓉乱。"所以，我们说，同为隐者，王维和裴迪两人真可谓是心有灵犀。

而通过对王维这首《竹里馆》的讲解和引申，我们会发现这首诗虽然只有短短二十个字，却字字有学问，词词有来头，可见诗人的才华和功力。

好了，伴随着《竹里馆》的朗月清风，古琴鹤鸣，我们的"世外桃源"专题也告一段落了，苏老师也要和大家说再见了。古人说得好："**心似白云常自在，意如流水任东西。**"（板书）希望同学们能够通过这个专题的学习，感受隐者的逍遥自得和高洁情怀，做个与自然为友、心胸豁达之人。苏老师也希望多年以后，当你们长大成人，遇到任何的问题和烦恼，都能回忆起这段学习隐者文化的逍遥时光，想想那些让我们为之动容的诗句和隐者的故事，让自己的心平静下来，享受诗词的快乐和生活的美好。谢谢同学们，我们下课！

生：老师再见！谢谢老师！

师：同学们再见！

穿越千年的长啸

附　录

深邃可以成为一种习惯
——苏静老师公开课现场互动答疑环节实录

1. 诗意课程与普通小学语文教学的融合

提问者： 我知道苏老师曾经在小学做老师，那么请问您的这种诗词特色课程与平日正常的语文教学是如何融合如何协调的？

苏　静： 谢谢我们这位老师的提问，其实我今天上的这堂课并不是专门准备的公开课，是我的"儿童诗意课程"高级课程中的一个普通的课时。

我现在已经在高校工作了，不过就像我们刚才这位老师所说的，十多年前我和在座的很多老师一样，是一个普通的小学语文老师。在小学的这种经历让我一方面对中国小学语文教育充满了希望，另一方面感觉到在语文课堂上，特别是诗词教育的课堂上有太多人文的缺失。所以说在当时授课的时候我只能尽自己的力量在课堂上给孩子们补充一些我所知道的知识，但是不会像今天这样如此有系统地讲述出来。

今天呈现的这样一个课时，是儿童诗意课程，是校本课程的一个组成部分，我希望它可以成为我们现行的小学语文教程的一个辅助性的内容，在整个课堂的传授知识的过程中给我们的孩子一个有益的补充。

我做的这套课程现在已经归属于"新教育实验"，就是我的导师朱永新先生主持的"新教育实验"当中儿童的一个专业课程。它分了三个等级，第一部分是"诗与历史"，讲述的是历朝历代的诗人故事，还有一些精华的诗词的典故。第二部分是"诗与生活"，包括交友与诗、美酒与诗、名士与诗、古乐与诗、君臣与诗、才女与诗等，从不同层次去了解生活过程中诗对人们的影响。第三部分是"诗与文化"，我们要让孩子们在这样的课程中体验到自己曾经遗失的人文情怀，去了解自己不曾了解的知识，所以说这一部分里面所有的诗词都是我们现行的小学语文课本中的内容——像今天，我选的是人教版的诗词，那么还有苏教版、北师大版等，所有出现的诗词我们都可以作文化的解读，让我们的孩子了解到诗词背后的故事。

我要特别说明的就是今天我讲的也不是历史事实的全部，而仅仅是一个侧面。我们也可以单纯地理解为这首诗就是诗人一时兴起而作，因为千百年过去了，我们谁都不能说自己绝对地理解诗人，因为我不是他，"子非鱼，安知鱼之乐"呢？但是我们愿意虔诚地去聆听，去搜索，去探寻，然后去感受整个历史长河中的点点滴滴的记录，去还原可能属于这个诗篇的一部分的内涵，来解读给我们的孩子。这就是我此生的愿望，谢谢。

2. 如何检验学生的知识掌握情况

提问者：苏老师博学多才，您身后的文化底蕴让人羡慕。教为主导，学为主体，老师适当、适时讲解尤为必要。课上您旁征博引、滔滔不绝，学生洗耳恭听、时记笔记，然则师之所传之道、所受之业、所解之惑有多少能留于在孩子心中呢？孩子的主动参与如何得以体现呢？敢以旁听之浅见，烦请赐教。

苏　静：谢谢我们这位文采斐然的老师，在这里我也想分享我的观点。我们现在的课堂上非常关注一个词儿，叫做师生间的"互动"。在我看来我们现在的课堂不乏互动，缺失的往往是我们老师自己的一种文化底蕴。

我非常感慨在民国时期，有很多的大师，他们就是靠着一盏青灯，一支香烟，然后悠悠然地为孩子们传授他们的智慧、他们的知识以及他们的人生理想。有太多的优秀传统被我们忽略了，我们关注的可能是和孩子表面的一种互动，却忽略了他们心里的欲求。刚才大家看到，孩子们学会了倾听，学会了偶尔记的笔记，一开始我们给孩子讲述的时候不期盼他了解全部，但是一天了解百分之一，三个月之后就会了解百分之百；如果我们的老师坚持不懈，那么相信在这种文学的熏陶之下，我们的孩子一定会对文学产生一种天然的语感。

刚才我们的老师问到怎么去检测孩子们学习的知识，我主张的一种方法就是回去和我们的家长和好朋友们分享。我们的孩子都是渴望新知的，渴望快乐的，分享的过程中他们就能够加深对知识的记忆。同时这个课程还有一个非常重要的环节，就是告诉孩子们一种方法，怎样能够在第二堂课中进行有效的提问，只是因为今天我们没有安排足够的课时，因而没有展开谈；如果大家有兴趣的话，可以去关注一下我的其他课程。

所以说有效的知识学习的过程和知识巩固的过程都需要科学的方法

来指导。我们要坚信孩子的潜力无限，同时在学知识的过程中，最重要的就是关注他们情绪是否快乐。刚刚课堂结束的时候——大家可能没有听到——我问孩子们，我说你们今天开不开心，孩子们说超级开心，我说我也是。我想知识、情感其实都是一个内化的漫长的过程，让我们多给孩子，也多给自己一点时间，慢慢走，慢慢欣赏！谢谢大家。

3. 发散式诗词教学的方法也可用于普通教学

提问者： 苏老师，您的古诗词大容量课堂很精彩，我想知道，您这种方法是否同样适用于普通的课文教学？如果可以，是否能举例说明？

苏　静： 很多听过我课的老师，都会惊讶于我课堂的深邃和大容量。一个看似平淡的主题，总会被我旁征博引，其内容常常涉及到中学甚至大学的学习内容。在一般老师眼里，小学生怎么可能理解如此高深的内容？这似乎有悖于今天所倡导的"简简单单学语文"的理念。而在我看来，深邃会成为一种习惯。当孩子们习惯于深沉的思考和理性的分析，习惯于多元思维触类旁通的时候，语文的魅力自然彰显，所有难题都可轻松应对。所以，我们不必担心孩子的理解力和接受力，他们渴望新鲜，乐于挑战，他们往往比我们想象的要强大得多。

那么，如何引导孩子在普通的语文课文教学中去体验这种"深邃课堂"呢？我举例说明。

在十几年前的小学语文课本中，有一篇名为《白杨》的课文，现在已经没有了，大致的内容我可以描述一下：一位父亲放弃了大城市的繁华，扎根边疆建设，不仅如此，还毅然带着一对年幼的儿女奔赴边疆。在去往边疆的火车上，看着窗外戈壁滩上不畏风沙坚强生长的白杨树，父亲与儿女进行了一段段对话。课文最后的结尾是，父亲看到荒凉的戈壁上，一排大白杨的身旁，一排小白杨正在迎着风沙茁壮成长，父亲的脸上露出了欣慰的笑容。就是这么简单的一篇课文，就是这么一目了然的中心思想。

在按照常规思路学完文章后，我提出了一个总结性的问题："边疆这么苦，建设者为什么还要建设边疆，扎根边疆呢？"通过课文的学习，孩子们很容易就回答出了"教参"分析的要点："他们为了祖国的需要！""他们热爱祖国的边疆！""他们服从大局，不怕苦累！"等。这时，我话锋一转，"可是，同学们，你们是否想过，除了爱国思想，他们是不是还有别的精神在驱使自己做出这样无怨无悔的选择呢？"

孩子们沉默了，显然，他们从来没有思考过这样的命题。因为长久以来，学习此类课文早已总结出"传统窍门"，提到人物精神时，只要贴近"热爱祖国"、"热爱人民"、"顾全大局"、"舍己为人"诸如此类的字眼，一定不会有太大问题，就像学习游记类的文章一定要扣上"热爱大自然，热爱祖国大好河山"的"大帽子"，至于作者本身的意图，并不做太多揣摩。所以，我的问题让孩子们困惑了：抛去我们已知的，还有什么可以主宰一个人的心？

看着台下孩子们渴求的目光，我挥笔写下了两句诗文："唯大英雄能本色，是真名士自风流。" 然后解释道："同学们，自古以来，多少大英雄、真名士为后人称道，无不是源自他们高尚的人文修养。正如孔子称赞自己的得意门生颜回 '一箪食，一瓢饮，在陋巷，人不堪其忧，回也不改其乐，贤哉回也'，不仅在中国，外国也有许多大人物具有如此的胸襟。例如奥地利的著名心理学家弗洛伊德在创作《梦的解析》时，正饱受着癌症的折磨和身边人无情的攻击，没有人信任他，连曾经最好的朋友都认为他 '疯了'。而事后回忆这段痛苦的经历，他竟欣然说道——

'我最孤独的时候也是我最光荣的时候，它成就了我最终的辉煌。'这是何等从容的气度！再如蜚声世界的西班牙抽象派画家毕加索一生的座右铭竟是——'没有孤独，什么事都干不成。'虽然偏激，但也表现出他对生活的执着和对艺术独特的感受。苏老师写下的这两句诗，是对边疆建设者心灵的观照。他们之所以能够扎根边疆，建设边疆而无怨无悔，不仅仅出于对祖国对人民的爱，更重要的是他们自己对生活的态度，对人生的追求。面对着大都市的灯红酒绿、纸醉金迷的无穷诱惑，他们不为所动，毅然选择了远赴边疆，为的就是寻求心灵的寄托，他们是一群如白杨般傲立尘世的寂寞英雄，独饮一份孤独，于逆境中尽显本色；他们是一群如白杨般坚守信仰的真名士，视苦难为人生高贵的财富，把清贫当人生永恒的享受。"

虽然，我当时并不确定孩子们听懂了多少，但事实证明，在接下来的日子里，孩子们越发迷恋这样大容量的课堂，因为每一节课都有惊喜，都能从老师这里感受到之前闻所未闻的东西。到后来，他们自己都开始寻找和探求课文背后的故事，在课堂上分享。我想，有什么比孩子们每天怀着期待步入语文课堂更美妙的事情呢？谢谢大家。

4. 如何运用有效的提问策略

提问者：苏老师，您的大容量课堂让人叹为观止，非常佩服您。刚才您还专门提到如何让学生掌握"海量"的知识点，您说到了一种很有效的提问方式，想冒昧地请您指点一二，毕竟检验学生的学习效果是非常重要的。

苏 静：好的，谢谢这位老师对我的信赖。那我就简单地分享一下这个提问方法，我称之为"魅力问答"法。在谈到具体的方法之前，我想先陈述一种现象。

我一直很奇怪，同样是提问，老师们往往在教新课的时候循循善诱，对孩子的错误回答非常包容，而在复习过程中，老师们的表现似乎就不那么"可爱"了。我在很多学校随堂听课时，往往听到老师们使用类似的提问引导语言："同学们，把书和笔记本都合上，我们开始提问！""没有人举手么？那我就抽号来决定了！"这是不少老师在复习时惯用的提问开场白。"为什么背不过？""为什么答不出？""昨天干什么去了？""回去把课文抄五遍！"这又是某些老师惯用的语言。或许，老师之前的心理预设就是，既然是学过的知识，孩子们理应都会。再看看我们的孩子，面对一脸"煞气"的老师，吓得大气不敢出，一个个都低着头，躲在前桌同学的身后，都不敢直视老师，生怕被点到名字，巴不得变成"隐形人"。这是我们在课堂复习提问中常见的尴尬。

其实，解决这个问题并不难，首先需要老师转变一下观念。提问，不是老师高高在上的提问；回答，也不是孩子唯唯诺诺的回答。提问的目的在于巩固知识，而前提是要让孩子们放轻松，同时感觉到自己被尊重。所以，在提问时，一定要给答题孩子正面的激励信息，化解他们的心理压力。比如，对他们说："你一定可以，答错了也没有关系。试试看！"树立了正确的观念后，接下来便是方法问题了。

下面我就要谈谈如何使用我独创的"魅力问答"法了。在我的课堂里，孩子们非常喜欢每天新课前的五分钟"魅力问答"。对他们而言，这是一次兴奋的竞赛，而有趣的是，在这场竞赛中，他们既是"运动员"又是"裁判"。我先简单阐释一下"魅力问答"的基本规则：第一，内容的选择。魅力问答的内容既可以是前一节课的重点知识，也可以是前几节课的精华体现。第二，分值的累积。每位学生答对一题即可获得"魅力分值"一分，每次提问满分为五分，分值累计越高便会有越大的惊喜与奖励。第三，答题的程序。答题者每答完一题，都有权选择放弃或继续答下面的题目。若在答满五分之前有一题答错，那么他之前的分数和下面答题的机会则传递给下一个答题者，但谁来"接棒"，由他来决定。第四，纪律的要求。一位学生回答问题时，其他学生可以自由翻看笔记，但绝对不能提示答题者，否则不但答题者魅力分值无效，提示者还会被警告取消答题机会。

透过以上的规则，我们不难发现，在"魅力问答"的过程中，每个孩子都是"王者"，因为大家都可以主宰自己的命运。即便是答错题，也不会有心理压力。相反，答错者在转交机会时，面对其他孩子争先恐后的举手申请，作为"裁判"，他往往会得到更大的心理满足，可谓"送人玫瑰，手留余香"。

让我们就以今天学习的部分内容为例，一起来分享一下"魅力问答"的具体操作方法：

师：《春晓》的作者是谁？

学生甲：孟浩然。

师：答对了！请问还要继续吗？（此时老师可用手势充当计数器，举起以显示学生的分值）

学生甲：要！

师：他写给丞相张九龄的诗作题目是什么？

学生甲：《望洞庭湖赠张丞相》！

师：答对了！请问还要继续吗？

学生甲：要！

师：你能背出其中的千古名句么？

学生甲：坐观垂钓者，徒有羡鱼情。

师：已经得到三分了，还要继续么？

学生甲：要！

师：很有勇气！在讲解"处处闻啼鸟"一句时，我们同样提到了另一句千古名句"望帝春心托杜鹃"，请问出自哪位诗人之手？

学生甲：（答不出）……

师：（看表）十秒钟的考虑时间到，很遗憾，请问你要将自己的三分送给谁？（许多同学举起手来）

学生甲：（环顾）乙！（坐下，赶紧翻看笔记）

学生乙：（兴高采烈地站起来）李商隐！

师：答对了！你已经有四分了，请问还要继续吗？

学生乙：要！

师：你能说出中国古代的四大名楼么？

学生乙：黄鹤楼、岳阳楼、鹳雀楼、滕王阁。

师：恭喜你！答满五分！魅力值六分送给你！

通过刚才的过程描述，大家应该对"魅力问答"的操作方法有了大致的了解了。需要提醒大家的是，在此过程中，老师要及时提醒学生，"送玫瑰"时，尽量选择还没有答过题的同学，使大家都有机会，共赢分值。除此之外，在提问时，还要遵循遗忘规律，也就是心理学中提到的艾宾浩斯遗忘曲线，即对刚学过的知识强化提问，几次过后即便长时间不再提问，学生也不容易遗忘了。其实，"魅力问答"之所以能得到孩子们长久的积极参与并乐此不疲，本质上这种方法还是属于一种有趣的颇有竞争力的游戏。

　　事实证明，引进恰当的竞争，树立明确的规则，无论多么大的知识量，孩子们都会乐于记忆。谢谢大家。

5. 诗意教学与低年级作文

　　提问者：苏老师，我是一位一年级的语文老师。我一直很困惑，怎么对一年级的孩子进行作文素养的训练？比如说，我们的练习册中有这样一个拓展题目：下雨啦，下雨啦！花儿见了雨点（　　），草儿见了雨点（　　）。请问，假如是您，从诗意教学方法的角度出发，您觉得应该怎么引导一年级学生完成这个题目？

　　苏　静：感谢这位老师的提问。从您的提问中，我至少可以捕捉到几个信息：第一，您是一个有教育情怀的老师，您的理念衬托出一种大语文观。所以，在教一年级时就开始考虑提升学生的作文素养。第二，您是一个善于思考的老师，您能从司空见惯的练习题中发现提高学生作文素养的契机，难能可贵。第三，您提出了一个很有代表性的问题，就是如何拓展低年级段学生的作文思路。我很乐意从诗意教学的角度，分享一下我的个人之见，仅供您参考。

　　首先，我认为应该对学生的常态思维有一个定位。就是说，如果我们不加引导，学生通常会怎么回答？例如，我们以花儿为例，先让学生自主回答，学生们可能会说"花儿见了雨点笑了"等。显然，这是低年级学生自然状态下生发的感受，具有普遍性和局限性。这时，我们就可以根据情况，引导学生从不同角度进行想象。我们可以这样提示学生：花儿不仅有表情，是不是还有别的？比如说，花儿是不是还有心情？这时，我们可以让学生把自己想象成一朵雨中的小花，当雨点落在身上时，自己的心情如何？

　　学生在这样的提示下，就有了更多元的表达，孩子们可能会说"花儿见了雨点好开心，好舒服"，因为雨点带给它滋润；也可能会说"好难过，好悲伤"，因为雨点打落了花瓣，让花容不再。这时，老师可以伺机引出宋代女词人李清照的名句——"知否知否，应是绿肥红瘦"，用孩子能理解的语言加以解释，来印证和鼓励学生的观点，并拓宽学生的文学知识面。然后，老师可以换个角度继续引发想象：花儿不仅有表情，有心情，还可以有动作。如果你是花儿，在雨中，会有什么动作？这时，让孩子再换位体验和思考，这样引导学生可能会听到更精彩的答案："花儿见了雨点来回摇摆！""跳起了优美的雨中舞蹈！""像贪婪的孩子仰起头，张开小嘴！"……

　　接着，老师继续拓展：花儿还可以有味道啊，沉醉在雨中让它有了不同于平常的味道——因为雨水的渗透，而更加清香、芬芳。最后，老师还可以给出更精彩的引导词：花儿不仅有表情、心情、动作、味道，花儿还可以有梦想！让学生想象自己置身于花儿的世界，感受着从天而降的倾盆大雨或蒙蒙细雨，花儿会有什么样的梦想？此时，学生们可能会给出更意想不到的答案："花儿见了雨点会想：我要快快长大！""什么时候能像雨儿一样自由自在，落在其他花儿身上，分享彼此的温暖？"……甚至更多更多让我们感动和感慨的答案。因为低年级的孩子更有想象力，他们完全可以赋予花儿更遥远更瑰丽的梦想……对草儿的教学指导同样如此。不仅可以从不同角度引导想象，还可以辅助一些低年级学生容易理解的诗词名句进行拓展，例如"离离原上草"、"草色遥看近却无"等，来加强学生的素材积累，加深对题目的理性认识。

　　总之，教师在引导低年级学生进行作文训练时，最终要给他们两方面的影响，一是理念——要让孩子们懂得花花草草和人一样，都是自然之灵，即人生百态，花草有情；二是方法——同样的一个作文题目，可以从不同的视角去解读，大胆想象，本色表达，而不是囿于规则，人云亦云。需要注意的是，低年级学生由于认知水平和思维能力有限，所以在刚开始进行这样的训练时，往往会表现得思想匮乏，想象无力。这是很正常的，老师不必担心，要持之以恒地对学生进行引导和训练，特别要注意形式的多样化和生动性。同时要不断学习，自我充电，因为低年级学生有着更强烈的向师性，老师是孩子最易模仿的对象。所以，长此以往，老师就会凭借着自己的才华和创意征服学生，并在不知不觉中成为他们的偶像而被模仿，那么，距离把学生培养成"天才作家"的梦想也就指日可待了。谢谢。

6. 用诗意教学方法应对突发事件

提问者： 苏老师您好，请问在您曾经的常规语文课堂教学中，有没有遇到过印象深刻的突发事件？您又是怎样凭借着诗教方法化险为夷的？

苏 静： 谢谢您的提问。我想，每一个老师都经历过课堂的突发事件，如何处理，常令人大伤脑筋。它毫无预兆地到来，既挑战着我们的脆弱神经，又考验着我们的教育机智。处理得当，锦上添花；处理失误，难免尴尬。其实在我从教的十几年间，课堂上的突发事件经历了很多次，让我印象最深刻的一次，是我十年前教学《十里长街送总理》一课时的经历。

记得在教学《十里长街送总理》的重点部分——送灵车时，我提出了这样一个问题："灵车渐渐地远去了，这意味着什么？"学生争相回答"总理永远离开了我们"、"人们对周总理的不舍与怀念"。这些答案尽在意料之中，当我试图继续讲下去时，忽然，一个十分淘气的学生伸了个大懒腰，自言自语道："唉，有什么了不起的，不就是玩完了吗？"话音刚落，孩子们纷纷向他投去反感的目光，但也有人禁不住笑出声来。课前我曾就教学效果请教过经验丰富的老教师，她说，这堂课如果能把孩子感动哭了，就是成功。但在我看来，这是一篇离孩子的生活年代相去甚远的文章，周总理对今天的孩子而言，是陌生而遥远的，能把孩子感动谈何容易。所以我从一进门，就刻意带着一种低沉的情绪，试图营造悲伤的氛围，大多数孩子似乎也是很配合的。而现在，好不容易找到的一点点感觉就要功亏一篑了！

此时，我的头脑在高速运转：佯装不知继续讲课？——学生的气焰只会更加嚣张。板下脸来进行教育？——政治论调早已不适合这些新新顽童。不妥，都不妥。口吐戏言的孩子是班里的个性男孩，才华横溢但是桀骜不驯。所以，从他的嘴里说出这样的话也不奇怪。显然，他从一开始就没有进入文章的情境，更不用说对周总理精神的理解了。再看看其他的孩子，其中不乏有"幸灾乐祸"者。这些小东西，总是盼望着在课堂上有这样那样的恶作剧突然发生，他们好乘机添油加火，满足自己玩闹的天性。在这种紧要关头，老师的从容镇定和机智灵活显得非常重要。

我的"小宇宙"在高速运转着。忽然，脑际灵光一现。我桌子一拍说："说得好，说得太好了！"底下的孩子们一怔，被我一句摸不着头脑的话弄懵了。我接着说："人嘛，总归一死，不就是玩完了嘛。既然大家对周总理不是很了解，老师讲了半天也没有打动你们的心。那我们换个话题来聊一聊，就来聊聊'人玩完了'的意义是不是一样的。知道岳飞和秦桧吧！"我刚把这两个人名写在黑板上，班里面爆炸式的嗡嗡声就起来了。孩子们哪个不晓得岳飞和秦桧呀。看到孩子们兴奋的表情，我顺势说道："那大家讨论一下，这两个玩完了的人，在你心目中是不是一样的？"我的话音未落，孩子们已在底下聊得热火朝天。"岳飞是大英雄，他是被奸人害死的，人们永远纪念他。""秦桧是个奸臣，他老婆和他狼狈为奸，他们死有余辜！""对！我去岳王庙的时候，看到岳飞的塑像非常高大，而秦桧这对恶夫妇却是两个跪着的铁人，我还朝他们身上撒尿呢！"孩子们发言的时候可谓是群情激奋。我乘机转过身去，在黑板上挥笔写下了"青山有幸埋忠骨，白铁无辜铸佞臣"的联句，简单但激昂地讲述了岳飞精忠报国的故事。

我看到孩子们眼中有亮光闪动。尔后，我又写下了文天祥的千古绝句："人生自古谁无死，留取丹心照汗青。"就在这时候，还有几位平时博览群书的学生踊跃要求自己解释诗义。随之，我接连引用和解释了"人固有一死，或重于泰山，或轻于鸿毛"和"其人虽已殁，千载有余情"等流传千古的动人诗句。此时此刻，孩子们已经激动万分，立即随手把这些诗句抄写在常备的《课堂偶拾》上，还不由自主地默诵起来。此后我又让学生起来分享自己知道的与黑板上有着异曲同工之妙的诗句。孩子们立即说出了更多的诗句："鞠躬尽瘁，死而后已"、"生当作人杰，死亦为鬼雄"、"我自横刀向天笑，去留肝胆两昆仑"……

见时机成熟，我话锋一转："古往今来这么多名人志士，以死明志，以唤醒沉睡麻木的心灵。我想让同学们来猜一猜，这么多名人，苏老师觉得谁最了不起？"前面作了如此浩渺的铺垫，孩子们现在也不知所措了。我说："我认为，自古以来鞠躬尽瘁，死而后已者两人。古有诸葛孔明，今有周恩来。如果说诸葛亮是'出师未捷身先死，长使英雄泪满襟'

的蜀相，那周总理比他更了不起。因为诸葛亮关注的，仅仅是蜀国的一国之利，而周总理关注的，则是一个数亿人口的泱泱大国的民生社稷。你们都知道，中国最好的大学是北大和清华。但你们知道吗，每年对北大清华这些高校尖峰学子的调查中，他们"最崇拜的人"中，排名第一的，不是比尔·盖茨，不是奥巴马，不是乔丹科比，也不是我们心中觉得了不起的科学家，而是我们敬爱的周恩来总理！周总理逝世时，联合国降半旗致哀。当时有的国家提出异议，联合国发言人给予了十分有力的解释。他说，中国是一个人口大国，周恩来却没有一个属于自己的亲生子女；中国的经济在全面稳定地发展，周恩来却没有一分钱的私人存款。作为一国总理，还有比这更让人佩服的么？所以，当敬爱的周总理离开他为之操劳一生的人民时，苍天垂泪，举国同悲，才有了十里长街上，这感天动地的一幕：白发苍苍的老人，从乡下连夜赶来的农民，不穿红衣穿黑衣的新婚夫妇，比着肩踮着脚的红领巾，挂着双拐的残疾人……不一样的身份，却一样的泪流满面，伤心欲绝。他们跟在灵车后面奔跑着，呼喊着，他们多么盼望着灵车能够停下来，再看敬爱的总理最后一眼。然而，灵车渐渐地远去了，是真的远去了。这到底意味着什么？"

这时，我走到刚才说调皮话孩子的身边，轻轻敲了一下他的桌子，说："我想请你来回答。"此时，他的脸已通红了，忽然，他站起来，提高声音说道："苏老师，我明白了。人生自古谁无死，留取丹心照汗青。总理虽已殁，千载有余情。周总理的死是重于泰山的。"他很自然地套用了刚才板书在黑板上的诗句，顿时，全班响起了一阵热烈的掌声。伴随着掌声，下课铃声也响了。

我用二十分钟，处理了这个本应一带而过的问题。但是我一点都不后悔，因为，在这样一个呼唤真情的时代，不用说二十分钟，哪怕是两个小时，能让孩子们如此真实地走近一个伟人，与伟人进行一次跨越时空的心灵的对话，也是值得的。课后，我告诉孩子们，之前布置的作业临时取消，就针对刚刚学的《十里长街送总理》，做一首课文的感怀诗，表达出真实的感受。

这些孩子都已经长大了，但每当我们一起聚会，孩子们还时常回味那个充满了刺激和悬念、狂喜和悲伤的课堂。而这堂课的经历，也让我感到了绝处逢生的快感和前所未有的成就感。以至于多少年来，我都会提醒自己，面对课堂的突发事件，首先要冷静，然后带着一颗诗心，巧设悬疑，"请君入瓮"，尴尬自然化良机。谢谢大家。

7. 用简单易行的方法指导学生进行诗词创作

提问者：苏老师您好，我在很多年前就开始关注您的诗意教学。我知道您不仅教学生学诗，还教学生作诗，刚才您提到的孩子的诗作就是很好的证明。我还知道，早在 2001 年，在您从教不到一年的时候，您的诗教事迹就已经被中央电视台和《中国教育报》等权威媒体报道过，其中的亮点之一就是您学生的诗词创作，说您教的学生可以在三分钟内随意命题提笔成诗。我很好奇，您是怎么做到的？有什么简单易行的办法么？

苏　静：谢谢这位老师，感谢您一路的关注和支持。您提了一个让我一言难尽的问题，因为指导学生进行诗词创作是一个长期的过程，这么短的时间，我很难说清楚。但是我可以从一个点来说，就是引导学生进行"课文感怀诗"的创作，希望能够带给您一点启示。

俗话说："熟读唐诗三百首，不会作诗也会吟。"当孩子们的诗词积累达到一定程度的时候，自然就想起了提笔创作。而引发孩子们创作灵感的最佳途径，就是"课文感怀诗"。为课文写一首感怀诗，既能加深对课文的理解，又能激发孩子作诗的兴趣，提高写作能力，可谓一举数得。在进行诗词创作技法的指导时，老师不必面面俱到，因为说实在的，就连我们自己也很难全面掌握庞杂的创作技法。所以，我们只要告诉孩子简单的押韵规则和平仄规律即可，这些入门级的创作技法在网上或书店里都能找到详细的资料。掌握了基本的创作技法后，就可以引导学生进行"课文感怀诗"的创作了。

通常来说，孩子们创作"课文感怀诗"会经历这样几个阶段。第一个阶段为模仿期。孩子们作诗初期的成果，诗词量的积累给了他们"借他山之石为我所用"的灵感。我可以给大家背诵几首孩子们创作的课文诗的"超级模仿秀"：

可爱的草塘

谭慧

走进绿色大草塘，野鸡狍子身边藏。

天苍苍，野茫茫，风吹草丛赛波浪。

鸬鹚（之一）

刁乾龙

清清玉湖夕阳照，鱼儿恋湖四处游。

小船才露尖尖角，早有鸬鹚立上头。

鸬鹚（之二）

刁乾龙

夕阳暖照玉湖上，碧天如水暮云斜。

群群鸬鹚湖面飞，炊烟散入百姓家。

十里长街送总理

张侃

前不见头，后不见尾。

念真情之悠悠，俱潸然而泪下。

从这些可爱的"模仿秀"中，我们可以看到孩子们对于祖国语言天然的领悟力和实践力。模仿是儿童的天性，但这种模仿不应是母本简单的拷贝，而应是经验的重新组织和重新解释。让孩子们在模仿经典中寻求创造的基点，在感知古老智慧中演绎现实的精彩，是顺应其身心发展规律的必经之路。

第二个阶段为自创期。这个阶段，孩子们的创作从体式到内容到思想，千人千面，个性飞扬。有的诗词表达之独特，思想之深刻，令人叹为观止。我可以给大家背诵印象最深刻的一首诗：

桂林山水

纪建辉

假如青山依旧，绿水难流，

青山必为绿水而心碎；

假如绿水长流，青山不再，

绿水必为青山而伤悲。

为什么，人和人的心儿，

难以灵犀一点，

山和水儿却懂得，

彼此相偎？

　　《桂林山水》作为一篇传统课文早已深入人心。记得在教授这篇课文时，为了让孩子们更真切地感受到山水之美，我畅谈了古人对待山水的天人合一情怀："无论仕途得志还是怀才不遇，无数古人都选择了寄情山水。或荡舟于清江之上，舀一瓢澄澈的江水煮一壶清茶，小饮慢啜；或吟风弄月，对酒当歌。在古人眼中，人与自然有一种天然的融合，如自然之子。正如辛弃疾所说：'我见青山多妩媚，料青山见我应如是。'这种天人合一的思想也可以看作是原始的环保思想。"

　　当时，我以为自己的诠释已经为课文作了丰富的延伸，可是，当我看到纪建辉对《桂林山水》的独特感悟时，忽然觉得自己的讲解是多么没有新意。他没有像其他孩子的诗作那样，单纯地展示桂林水之静清莹碧，山之奇秀险绝，他不但感受到了山水之美，更感受到了山水之情。正如当代新锐作家余杰在他的《火与冰》中所说的："成人渴望交流，孩子喜欢独白，从这点看，成人比孩子更脆弱。"当一个孩子用童真的慧眼洞悉出了人情冷漠，用纯真的声音呼唤拆除心灵的栅栏时，我们感受到的是童心的强大和高贵。后来，我把这首诗发到网上，网友们纷纷跟贴，言辞恳切："他是个小学生么？太不可思议了！他的思想足以让我们这些成年人汗颜。""从今天开始，看山水之美，做山水之人。别让孩子为我们心碎！"……我想，这就是诗词创作带给孩子们的精神力量。

　　第三个阶段为挑战期。这个时期的孩子们特别热衷于"古调新弹"，和古人写同样的命题作文，与古人叫板。这个阶段可以看作是孩子们诗

作的高级阶段了。令人目不暇接的古诗新作展现了孩子们对语言高超娴
熟的运用能力，更展现了孩子们天马行空的无穷创意。我再给大家背诵
几首精彩之作：

鹿柴（和王维）

王宁

朗朗天宇空空涧，沉沉夜色花入眠。

人烟稀少人语多，好似清光入林山。

咏梅（和王安石）

李小晔

深冬梅花独自开，洁白明净似层云。

片片雪花比冬梅，只因暗香无处寻。

暮江吟（和白居易）

宋慧

江边无限好，正恰近黄昏。

万物皆沉眠，独留寂寞人。

十六字令·示儿（和陆游）

黄李凯

悲，至死不见失地回。

难瞑目，一心盼胜归。

我一直鼓励孩子们"古调新弹"，因为这样的体验赋予了孩子们与古人跨越时空对话的机会，更赋予了他们与经典比翼双飞的辽远天空。神秘光辉的照耀，英雄品质的渴求，理想境界的眺望，成为孩子们诗意赖以栖居、诗词得以创作的深沉背景。

不仅如此，我还鼓励孩子们根据自己的爱好各成一派，推杯换盏，切磋技艺。所以，当年我们班里有"绝句派"、"律诗派"、"宋词派"、"散文派"、"元曲派"等各大诗词门派，孩子用极大的热情和日渐娴熟的技巧，诠释着对课文独到的见地。例如，"宋词派"里有个孩子写下的《苏幕遮·董存瑞舍身炸暗堡》就让我印象深刻：

苏幕遮·董存瑞舍身炸暗堡

王晨燕

攻隆化，历程艰。主动请缨，接近敌窑难。

英勇前进终到达，百折不挠，英雄志比天。

又遇险，未慌乱。生死抉择，去留意已坚。

克暗堡为国殉身，名垂青史，烈死重如山。

关于"课文感怀诗"的创作，我最后还想补充一点它的意义。毋庸置疑，诗词的魅力之一就在于"用最凝炼的文字表达最精邃的思想"。对于学生来说，自创"课文感怀诗"的过程，便是一个深入研读课文，把握课文内涵，了解作者思想感情的过程。也正是在这个过程中，课文的重点难点往往不攻自破。这种方式，让语文教学多了一种全新的体验。

"课文感怀诗"除却以上提到的作用，还有一层更深远的意义，那就是可以有效训练学生的集中思维。这对学生将来步入更高层次的学习，特别是阅读理解，有着不可忽视的意义。试想，在高考中，有多少学生面对阅读理解中规定字数的答案束手无策？或者下笔千言，离题万里？而之前经过诗词训练的孩子则可以轻松应对，在短时间内迅速理清思路，精确作答。所以，"课文感怀诗"如同孩子们的思维体操，常做常新，一举数得。

最后，我引用孩子们自己总结出一句心得来结束我对这个问题的回答："课文恒久远，感怀永流传。"谢谢大家。

8. 引导学生走出"低级诗词创作"的误区

提问者：苏老师您好，我是来自江苏常州的一名五年级语文教师。我很感动也很佩服，您居然可以像背诵经典一样背诵自己学生的诗作，这足以说明您对孩子的尊重和热爱。我也非常爱好古典诗词，也曾经像您一样尝试着教孩子们作诗。刚开始孩子们都热情很高，可是过了一段时间后，特别是进入了高年级，有些孩子就开始胡乱写些不靠谱，甚至是趣味低俗的打油诗了。更可怕的是，这些"歪诗"在班里像瘟疫一样流行，整个班级的创作风气都被带坏了，我非常苦恼。请问您是否遇到过类似的情况，有什么好的解决方法么？

苏　静：谢谢您的提问，能以这样一个问题结束今天的交流，我很高兴。因为这也是许多渴望教学生进行诗词创作的老师共同遇到的问题。孩子的恶作剧是让老师备感头疼的问题。面对接踵而来的麻烦，老师们时常感到心力交瘁，应接不暇。其实，在我们挖空心思想对策的时候，往往忽略了一个最直接也最奏效的方法——将计就计。

我们可以顺水推舟，不动声色，将难题逐一攻克。下面，我就讲一讲自己亲身经历的一件事，希望能对您有所启发。那是发生在我毕业班里的事情。上午刚学完烈士陈然的革命诗《我的自白书》，我要求孩子们利用中午时间进行背诵。结果，下午上课前，课代表忽然急匆匆地跑来找我，说："苏老师，不得了了，出大事了！纪建辉把烈士的诗给改了！"我示意她不要惊慌，慢慢说。课代表激动地说："您快去班里看看吧，全班同学都没有背陈然的诗，都在背纪建辉的《我的自白书》呢！"纪建辉这个男孩我刚才提过，就是写《桂林山水》的那个孩子，是男生诗社"青云斋"的"斋主"，才华横溢又"恃才狂傲"，有"号令群雄"的能力，又有淘气男生的本色，经常制造些令人哭笑不得的麻烦。我跟着课代表来到班里，纪建辉一看大事不妙，赶紧低头做刻苦状。我走到他的桌前，要求欣赏一下他的"大作"。他自然不敢违抗，乖乖地交了出来。我接过他的诗作，上面赫然写着：

我的自白书

纪建辉

任鼻子闻着香甜的薯条，

任你把鸡腿举得高高，

我不需要什么橙汁，

哪怕面前对着鸡肉的汉堡！

我，不能张开高贵的嘴，

只有饿死鬼才乞求咖啡，

可乐鸡块算得了什么，

冰淇淋也无法叫我开口！

面对土豆泥我放声大笑，

肯德基的宫殿在笑声中动摇。

这就是我，一只中国馋猫的自白，

高举炒勺埋葬洋快餐王朝！

　　我想，在一般老师看来，如此"恶搞"烈士的诗作，无疑是对先烈的亵渎，是课堂教育的失败，是非常严重的思想品德问题。这时，如果老师毫不犹豫地选择批评教育，不仅针对恶作剧的孩子，连他的"粉丝"也一并"打压"，那么可能会起到给恶作剧的孩子一个下马威的作用，但并非是最佳选择，因为孩子们往往会口服心不服。所以，我当时并没有急于下结论，而是决定来个顺水推舟，将计就计。

　　看着满脸通红、坐立不安的纪建辉，我转身走向讲台，郑重其事地说："既然大家如此崇拜纪斋主，已经开始私下传颂他的诗作。那我们不妨一起来诵读一下纪斋主的《自白书》。"孩子们显然不知道我葫芦里卖的是什么药，但还是饶有兴趣地大声诵读。读罢，我评价说："同学们，纪斋主能够借助我们所学的体式自创诗作，而且关注的是我们民族餐饮的兴衰，我想烈士泉下有知，也一定会欣慰的。但希望同学们在背诵斋主诗作的同时不要忘记，这首诗的灵感也是来自课文本身，大家可不能舍本求末啊！"孩子们会意地点点头，纪建辉也长舒一口气。这个时候，忽然，有个孩子举手"揭发"说："苏老师，你说纪建辉关心民族餐饮，可我昨天还看见他在麦当劳啃汉堡包呢！"几个孩子立刻也附和说："就是就是！我也看到了！""他吃的是套餐，还有薯条和可乐呢！"再看看纪建辉，一脸的尴尬。

　　这又是意想不到的情况，我继续顺水推舟地说道："呵呵，这就对了。昨天是纪斋主最后的晚餐，他在与洋快餐作最后的告别。大家放心吧，凭斋主的一颗爱国心，凭他在'自白书'里的郑重宣言，他今后一定不会再进肯德基、麦当劳半步了。纪斋主，我说得对不对？"孩子们一阵大笑。纪建辉则"四脚朝天"，仰天长叹说："我完了！我亲爱的汉堡包，我亲爱的薯条……"

　　讲到这儿，我想起陶行知先生说过的一句话："我们必须会变成小孩子，才配做小孩子的先生。"所以，作为老师，我们应该尊重甚至欣赏孩子的淘气，学会和孩子共同淘气，这才是老师走进孩子心灵的微妙通道。而面对难题，把握孩子心态，将计就计，则能帮助我们更巧妙地达到教育目的。今天的交流很高兴，让我受益匪浅，愿我们一起沐浴着诗意的阳光，同行在教育的路上！谢谢大家！

跋

我的"诗意"人生

日子过得真快，一晃眼，十三年过去了，从青岛嘉峪关学校到苏州大学，再到青岛大学，我经历了从小学教师到硕士研究生到大学教师的人生转变。从一个校园走向另一个校园，我的人生似乎注定与诗意为伴，难舍难弃。我痴迷于"诗教"这个古老而神圣的命题，这个可以给教育以新鲜直觉的命题。十三年了，我就这样走着，微笑着，一路唱回故乡，延续着诗教的美丽和为人师者的幸福。

嘉峪关学校：诗意让教育如此美丽

2000 年，我师范专科毕业，走进了青岛嘉峪关学校。在这里，我做了三年的小学高年级语文老师兼班主任。我必须承认，自己是个幸运的人，不仅读书时我行我素、不走寻常路的个性被再度成全，而且还有意外收获———群蜚声全校的"麻辣学生"在和我过招后，纷纷摇身一变为"诗界神童"，以傲世之作和宠辱不惊之心走上了《中国教育报》

的整版，亮相在中央电视台的专栏，让中国教育界为之一振。我感谢青岛嘉峪关学校，在我诗教生命的初始，赋予我一双诗意的翅膀和一片辽远的天空，让我拥有了飞翔的力量。

初为人师的日子里，我很焦虑也很茫然，用了很多方式，却难以实现与孩子们真正意义上的沟通。一次次尝试，一次次败北。孩子们的精神世界被各种各样的"明星"充斥着，唯独没有经典的一席之地。但我庆幸，自己走进的是以开放而著称的青岛嘉峪关学校，"掌门人"是以大智慧而著称的齐鲁名校长郭青伟。所以，我始终在宽容和鼓励中前行，直至找到通达诗意的温暖之路。

在课堂中，我开始了诗教的第一步探索：营造诗意的教育情境。我热爱课堂，而且坚信每一篇看似浅显的课文中，都隐含着轻舞飞扬的诗意因子。于是，我经常游走在课文被忽视的角落，去发掘去感受，然后与孩子们一起分享。每周我都会利用一节课的时间，对本周所学课文进行诗意的延伸，补充新鲜知识，或者让孩子们上来无拘无束地"华山论剑"，我做忠实的听众。为了营造轻松的课堂气氛，我请孩子们选择最喜欢的方式倾听，坐着、站着、趴着、躺着……只要喜欢，一切OK。所以，每周的"耳朵旅行日"让孩子们翘首以待，超大容量的课堂让每个饥渴的心灵如愿以偿。例如：学过传统的课文《燕子》，我把孩子们带进了春的世界：从朱自清笔下清丽婉约的《春》到钱钟书《窗》外"下贱的春光"，从表现陆游、唐婉情路坎坷、悲情千古的《钗头凤》到寄寓李煜亡国之思的《虞美人》，从里尔克借春助盲丐到马克·吐温春天列车上的幽默……一切春光尽收眼底。每一次"耳朵旅行"，都是孩子们期待已久的诗意分享和精神盛宴。破解思维定式，补给知识养料，启迪写作思路，当"诗意"悄然走进课堂，每个孩子的眼中都涌动着一抹鲜亮。

如果说，课堂的耳朵之旅让孩子们领略了经典的非凡魅力，那么风格独运的诗词活动则让孩子们进一步走进经典，直至为之"疯狂"。很多年过去了，我始终无法忘怀"诗词大擂台"中，"青云斋"（全体男生诗社）和"兰若轩"（全体女生诗社）高高举起的小手和此起彼伏的答题声。"压力挑战诗"、"魅力主打诗"、"魅力联想诗"、"魅力接龙诗"、"风险挑战诗"……一轮轮惊险绝伦的比赛，让孩子们舞之蹈之，欲罢不能。看看孩子们笔下的大擂台"盛况"：

忆江南·诗词大擂台

当代诗人　黄达（五年级）

大擂台，

风景不曾谙。

人声沸腾茶庙会，

个个举手插队难，

能不乐翻天？

经常有人问我，诗教的真谛是什么？我说，诗教的真谛就是把学生培养成一个真正意义上的"诗人"，不是单纯的写诗之人，而是诗意之人：有才华，有勇气，有创意，有良知，有激情，有理想；不人云亦云，能够听从自己内心的召唤；终极目标就是"过一种幸福完整的教育生活"（朱永新语）。所以，在课堂之外的教育生活中，我也和孩子们一起，珍藏瞬间的记忆，捕捉瞬间的感动，化作一首首或清新明丽或气势磅礴的诗作，来纪念一起走过的光辉岁月。课堂上，孩子们常挥笔立就一首"课文感怀诗"，以表达对文章的理解；节日里，孩子们用自创诗词倾诉款款心意；国际风云突变，孩子们心绪难平，诗以咏志……在青岛嘉峪关学校的短短三年，孩子们写下了数百首自创诗词。每每重温这些记忆，我的心中就漾起阵阵涟漪。

2002 年，我有幸被评为"全国优秀中队辅导员"。可以说，在嘉峪关学校的三年，是我教育人生中最弥足珍贵的三年。这三年，让我亲历了一线教师的酸甜苦辣，让我学会了坚韧和宽容，懂得了博爱与仁慈。这里的领导，同事，孩子，家长，无一不让我心怀感恩。在诗教的漫漫长路中，嘉峪关学校所赋予我的一切，将成为我一生前行的伟大动力。

苏州大学：诗意让梦想轻舞飞扬

2003 年是我人生的转折点。我的诗教经历，得到了全国著名教育家，"新教育实验"发起人，时任苏州市副市长，现任全国人大常委、中国教育学会副会长、民进中央副主席，苏州大学教授、博士生导师朱永新先生的真情关注，我荣幸地进入苏州大学深造，攻读教育学的硕士研究生，成为令人羡慕的"朱门弟子"。在"新教育实验"中，"营造书香校园"被列为"六大行动"之一，而我的"诗教"也正式纳入"书香校园"的子课题"诗香校园"中，不断得以升华和完善。

2004 年，我结合专业所学的教育理论和实践经验，对诗教进行了更深领域的研究和拓展，独创了"魅力诗词"全经典短期特色培训课程。我希望能够如朱老师所说的那样，成为更具普世情怀的经典文化倡导者和传播者，能够为所有学校的老师都提供一套诗教学习的内容，掌握一套具体的诗教操作方法，而不是单纯的做做讲座，上上公开课。所以，携着我的"魅力诗词"，我在全国的数十所学校进行骨干教师和学生的培训，每期十天。在此过程中，老师和孩子们用行动见证了经典文化的独特魅力。看着全国各地的孩子们如嘉峪关学校的孩子们一样，由对诗词一无所知、漠不关心，摇身一变成通达古今、出口成章、提笔成诗的优雅少年；看着老师们走出诗教的迷雾，爱上经典，醉心阅读，游刃有余地指点江山，我的心里充满了幸福和快乐。这就是诗教的力量，这就是生命的奇迹。在这套"魅力诗词"经典课程里，孩子们可以通过"知识课堂"掌握整个中国古代文学史的基本脉络和重点知识，通过"创作课堂"学习到诗词的基本创作技法和规律，通过"竞技课堂"感受到竞争、合作和分享的快乐。

　　每当我翻开全国"诗教"实验学校孩子们的《魅力诗词》合集时，师者的幸福感和成就感便不可抗拒地涌上心头。我敢毫不犹豫地说，"魅力诗词"的课堂是快乐的，因为这里反对任何形式的话语霸权，孩子们宁可说错，不能不说；答错无罪，反驳有理。诗教旨在唤醒沉默的大多数，把话语权毫无保留地还给孩子，同时告诫他们展现真我，拒绝合唱。这样的课堂，对孩子而言，表达是一种幸福；对老师而言，倾听是一种享受。一个人真正的生命是他的思想，每个孩子都有言说的权力，无论他优秀抑或平凡。我关注的，不是孩子的过去，而是现在和未来。因为每个孩子都是天生的诗人，只是一直没有人去唤醒他们的天赋诗情。或许，他们的表达还显稚嫩，他们的诗作一时还难登大雅之堂，但是，我珍视的，是那份空前的自信，那份沉醉其中的情怀。特别是团队中曾经被贴上"后进生"标签的孩子，我会以勿庸置疑的口气告诉他们，你们和其他人一样出色，甚至可以超越所有人，未来是一片好辽阔的天空，愿与你们比翼同飞者大有人在。所以，他们无一例外的成功了，作别昔日的自卑，如终被发现的千里马，一身骄傲，无需扬鞭自奋蹄。

　　2004年，我还作为苏州大学研究生院的唯一代表出访香港城市大学。

2005 年，我的第一本个人专著《麻辣学生酷老师》由福建教育出版社出版发行。2006 年，我完成了长达 20 万字的专业论著《给灵魂洗个澡——诗教的现代价值探析》。这一切，都是朱老师的"新教育实验"带给我的人生机遇，都是苏州大学赋予我的温润灵感。

2006 年末，题为"苏静，在诗教中成长"的全国教师专业化研讨会在威海市隆重召开。在我的三节连堂"魅力诗词"成果公开展示课上，孩子们的精彩表现让台下来自全国各地的千余位老师叹为观止。朱永新老师和山东教育报刊社总编审陶继新先生都亲临现场，为我做了诚挚中肯的点评，让我更深味自己的责任。朱老师说："我曾经希望苏静'用诗教给风尘仆仆的灵魂洗个澡'，她也承诺，要更加努力，用深刻的思考和可贵的实践去承载诗教的光荣与梦想，用涓涓流淌的文字去温热生命的酒，让每一个接受洗礼的灵魂都能通透明澈，拥有最本源的仙姿灵态。现在看来，苏静是用心承诺着，行动着。"我想，这是朱老师对诗教价值的优美表达，更是对我肩负使命的殷切期盼。

遍撒"诗教"的种子

2006 年夏天，我完成了为期三年的研究生学习，离开敬爱的朱老师和美丽的苏州大学，回到了故乡青岛，成为青岛大学师范学院小学教育系的讲师。时隔三年，昔日的小学教师，变成了培养小学教师的大学教师，我完成了别人眼中的"三级跳"。而在我看来，唯一没有改变的，就是我依然属于讲台，属于学生，属于自己所热爱的那个世界。今天的我，是个不折不扣的"两栖教师"，周一到周五给大学生上课，周末给小学生上课。十三年前我教的是小学语文，十三年后我教的是大学语文以及与小学语文息息相关的一系列专业课。无论自己站在哪个讲台上，我都不会忘记自己的使命——为教育，为人生。所以，我要把"诗教"的种子播撒在任何适宜生长的土地上，让古老的文明得以传承，让龙的精神回归龙种的血脉，让未来的老师和今天的孩子都拥有一颗明媚的诗心。我很感谢我工作所在的大学和院系，能让我有机会继续从事小学教育事业，让我能站在更高的起点上钻研和实践我一直迷恋的诗教，让我始终不曾远离自己所热爱的那个世界。

2008 年 6 月，我的第二本个人专著《凭什么让学生爱上你》由湖北教育出版社出版发行。这本书我整整写了三年，一点一滴地总结了八年的诗教心得，也算是对自己青春岁月的一份纪念和而立之年的一份礼物。此后的几年间，我又先后出版了《苏静魅力诗词》、《知心姐姐知道你的烦恼》、《新生来了》等多本诗教和儿童教育学、心理学专著，我希望通过自己的专业素养，从不同的角度去诠释诗教，让更多的一线老师和家长以及所有怀有诗心的人都能得到一点启示和慰藉。在此期间，我还主持完成了山东省教育科学规划十一五重点课题"新诗教视野下提升小学语文课堂教学质量的有效策略研究"，获得省专家的一致好评，部分诗教科研成果在省内更多学校得以推广。

2011 年，我有幸承担了导师朱永新先生主持的"新教育实验"——"儿童诗意课程"的研发和推广公益项目，在志愿者团队的共同努力下，用一年的时间，系统梳理了诗教课程十年走过的历程，取其精华，完成了"十年磨一剑"的"儿童诗意课程"的书稿校对和完善，并于 2013 年初，有幸在中华书局出版。在中华书局副编审祝安顺先生的建议下，这本书命名为《中华儿童诗意课》。我很喜欢这个名字，因为它大气，响亮，很民族，很中国。这套课程将作为新教育实验学校和以诗词教育为特色的学校的校本课程和特色课程加以推广和实践，我衷心地希望这本小书能不负所有一路关注我支持我，或者说，关注和支持诗教的人们的期许。

同年，应众多热爱诗教的一线老师的要求，我又完成了能体现"儿童诗意课程"与现行小学语文课程直接对接的精华课程——眼前的这本小书《不一样的诗词课》，希望这本小书能"更接地气"，给一线语文老师更直观的指导和帮助，至少是提供一种思路。因为这本小书里涉及的内容，都是人教版、苏教版、北师大版等现行语文教材里的经典诗目，很多诗词的流传范围之广，影响力之大，在民间堪称"国诗"。所以，我更希望借助这些经典诗作，让我们的老师和孩子们换个视角，更人文地去理解和赏析这些"最熟悉的陌生人"，在诗词学习的历程中，多问几个"为什么"，多一点经验和体悟，从古人的诗词中洞悉曾经的美丽和惆怅，获得更多的灵性和智慧。而在此，我也对中华书局的祝安顺、王建等众多编辑老师们心怀深深的感恩，正是他们的信赖和督促，专业和热忱，才让我有机会在如此短暂的时间里，静心凝神，完成对十余年诗教生涯的系统思考和升华。

常有朋友问及我诗教的灵感，除了读书还有什么？我说，读万卷书，行万里路。我是个狂热的自助游爱好者，喜欢用双脚丈量快乐。少年时的一次意外伤害，让我险些丧失正常行走的能力，成为坐在轮椅上的残疾人。所以，我向来把旅行看成生命中不可或缺的组成部分，每年的假期，我都会背上行囊，独旅天涯，那是对自己复原的双腿的褒奖。在我看来，没有什么职业比老师更适合定期旅行——看风景是一个方面，更重要的是，多了一份难得的人生阅历，与学生分享起来，其乐无穷。曾经无法行走的苦难，让我在旅途中对残疾人特别是肢残人士感情尤深。机缘巧合，在2004年的秋天，我结识了黄山上的一位坐在轮椅上指点江山的奇人，他叫程剑，网名"黄山一剑"。他的人生曾经不幸到难以想象，而他的乐观和大爱同样令人震撼和钦佩得无以复加。因为结识了他，我也由单纯的自助旅行走上了为残疾人奔走疾呼，助他们实现梦想的志愿者之路。之后的八年间，我帮助程剑完成了每年一度的"爱我中华——轮友黄山行"大型公益活动，和来自全国各地的志愿者一起，帮助来自全世界各地的数百位"轮友"实现了登顶黄山的梦想。每当看到"轮友"们灿烂的笑容和感激的泪水，我都会由衷地欣慰和感动。这些经历，听起来似乎与我的诗教无关，但事实上，却让我拥有了从未有过的执着、信心和勇气。而诗教之人最原初的信仰，应该就是大爱和勇气。

柏拉图说："亮光在我们身后，生命期待着我们的蓦然回首。"我想，诗教或许就是那抹亮光，期待着我们在黑夜中擦亮黑的眼睛，去寻找生命的意义，教育的光明。

苏静于青岛大学

2013 年春

致 谢

在小书付梓之际，我要奉上深深的谢意和敬意：

感谢我敬爱的导师，当代著名教育家朱永新先生。师生情谊逾十年，他的期许和厚爱让我始终充满着工作的热忱和生活的希望。他赋予我和每个新教育人的新教育之梦，是我不断前行的伟大动力，让我对教育人生永不言败。这本小书，从一定意义上来说，是为他而写，为新教育而写，感念朱老师十年来对我始终如一的提携和信赖，相信他能听到我心灵深处清澈的吟唱。

感谢我从教生命中的第一位伯乐，我的恩师、老校长郭青伟先生。从曾经对我无私的支持到如今依旧的关怀，他的存在让我倍感安全、温暖和幸福。

感谢我的忘年挚友、恩师，大儒陶继新先生，他用智慧和大爱改变了我原本平凡的人生。我对他的崇敬、感恩和牵挂无以言表，"倚天照海花无数，流水高山心自知"。

感谢我的同门师兄王胜博士。他是我诗教生涯中不可替代的见证者和督导者，一路走来，他以学者的严谨和睿智，诗人的灵性与热忱，给予我肝胆相照的同窗之谊。

感谢我崇敬的恩师曾天山教授，他对我的诗教理论和实践提出了高屋建瓴的建议和期望，让我前行的脚步更加坚定和执着。

感谢长沙诺贝尔摇篮教育集团的董事长谢庆先生。我们十年的友谊苍天可鉴，他用教育家的专业，布道者的热忱，军事家的严谨，思想家的深邃一路引导我的人生，为诗教课程提供了最初的孵化基地并一路鼎力支持，他是我生命中视之为奇迹的潇湘英雄。

感谢我的人生导师田建国教授。他的治学精神和人格魅力永远令我高山仰止。

感谢青岛大学师范学院的钱国旗院长。我欣赏他的君子之范和名士之风，更钦佩他严谨的治学态度和旷达的人生境界。他一路无言的关怀和支持造就了我在高校工作的如水心境。

感谢山西运城新教育实验学校、新港实验学校的总校长聂明智先生，他为诗教课程在更高层次上的传播提供了广阔的空间和无私的支持，他对新教育一如既往的热情和行动令人肃然起敬。他是我一生值得敬重和最可信赖的先生和朋友。

感谢青岛嘉峪关学校的徐学红校长，生命中有她这样剑胆琴心、兰心蕙质的朋友，是我的幸运和荣耀。

感谢中华书局的祝安顺先生、王建先生以及高洋老师等所有为小书出版辛勤付出的编辑老师们。他们真诚的邀约和热情的督促，使得我有机会系统梳理十几年的诗教经历和人生感悟。而他们在此过程中严谨的工作态度和广博的专业素养更令人钦佩和仰慕。

感谢新教育基金会（江苏昌明教育基金会）对"儿童诗意课程"的鼎力支持，感谢基金会领导和项目专员们的引领和信赖，让我能够携志愿者团队轻松上路，圆一个教育公益的梦想。

感谢我的父母、兄嫂和所有至爱亲朋，大家的温暖呵护让我的人生从不寂寞。

感谢我最爱的先生和我们共同含辛茹苦的母亲，让我可以拥有一个幸福祥和的家，一颗可以自由高飞也可以随时栖居的灵魂。

感谢青岛城阳区第二实验小学的孙彩红老师，她是我一生最爱的挚友和姐妹，她用十七年坚不可摧的友谊陪我走过诗教人生的每一个阶段，她用善良慈悲的心为我日夜祈祷，我每时每刻都能感觉到她对我无私的爱与呵护。

最后，我还要特别感谢为这本小书的资料整理和完稿付出无限努力和心血的新教育志愿者团队。感谢李倩、肖春云、高小亭、于婷婷、张敏、闫永虹等所有曾经参与课程的"老队友"们，她们曾用数年的时间，协助我从浩如烟海的古代典籍中寻找课程的灵感和依据，为课程的研发和延展贡献了自己全部的智慧和热情。虽然她们已毕业，但我对她们的感激和思念从未消减。感谢青岛大学师范学院小学教育系的任小彤、黄琳琳、宿红雷、王素慧、徐樱菊、李迎春、于淑慧等正在参与课程的队友们，她们为课程的资料整理和编辑校对做了大量工作，回忆起我们在电脑前共同度过的那些不眠之夜，总有无尽的感动挥之不去。我也真诚地希望这本小书能为这些有梦想、有实力、有爱心的年轻人见证一段美好的青春记忆。

此外，这本小书也是我主持的山东省教育科学"十二五"规划重点课题"校本课程发展视域下的儿童专业课程建构研究"（课题编号：2011GZ093）的阶段性成果。对课题组同仁的支持和帮助一并致以最诚挚的谢意。

苏静于青岛大学

2013 年春